LE RÉVEIL DU SAMOURAÏ

武士的觉醒

知识社会中的
日本文化与战略

Culture et stratégie japonaises dans la société de la connaissance

〔法〕皮埃尔·法亚尔　著

赵南海　译

商务印书馆
The Commercial Press

Pierre Fayard
LE RÉVEIL DU SAMOURAÏ

Culture et Stratégie Japonaises dans la Société de la Connaissance

Copyright © Dunod, Paris, 2006

本书根据巴黎迪诺出版社 2006 年版译出

Simplified Chinese language translation rights arranged through Divas International, Paris

巴黎迪法国际版权代理(www.divas-books.com)

献给穿行于不同文化间
并困惑不止的旅人们

目　录

导论　水上降落 ·· 3
　孤独、偏远、独特的大洋之隅 ······························ 5
　岛民的战略文化 ··· 7
　传说的分量与成见的危险 ··································· 9
　时刻做好准备！ ·· 12

第一部分　钥匙

第一章　"武道"与直觉知识 ································· 17
　行动的哲学 ·· 18
　唯有不可见的才是日本的 ··································· 21
　战术与人际关系的奥妙 ····································· 25
　创造空间的节奏 ·· 28
　"反压先手的好处是为自己创造空间" ··················· 30
　时刻审视平静的表象 ·· 34

第二章　"场"与协作知识 ···································· 37
　处于运动的共有空间 ·· 38
　"场"是一种共有的意识 ···································· 39
　"这是基本的,我亲爱的华生！" ·························· 42

i

目 录

  构筑一个共同目的 …………………………………… 45
  企业的"道场" ………………………………………… 48

第三章 "型"与知识创造 …………………………………… 52
  常规何以创新？ ……………………………………… 53
  文化解压缩 …………………………………………… 55
  野中先生之"型" ……………………………………… 57
  知识的循环 …………………………………………… 59
  信息作为行动 ………………………………………… 62
  以中层管理为枢纽 …………………………………… 63

第二部分 入门

第四章 文化 ……………………………………………………… 71
  集体的行动：雷诺-日产联盟 ……………………… 71
  创始者的基因：索尼公司与本田汽车 ……………… 77
  知之道，用智慧去管理：花王公司 ………………… 84
  自然化营销：前川制作所 …………………………… 89
  武道的精神：武藏野公司 …………………………… 91

第五章 空间 ……………………………………………………… 96
  即时化生产：便利店 ………………………………… 96
  动员力：京都机械工具公司 ………………………… 99
  极致的流畅：丰田自动织机 ………………………… 102
  空间化的SECI知识模型：日立高科那珂营业所 … 104
  中层管理：富士通公司 ……………………………… 106
  共享责任：三重县厅 ………………………………… 110

第六章 共同体 …………………………………………………… 113

共同体的创建者:传媒观察社(NTT 集团) ………………… 113
　　大规模技能传授:日本罗氏制药 …………………………… 122
　　关心人类健康:卫材制药 …………………………………… 127
　　细致的方案:朝日啤酒 ……………………………………… 132
　　创造性的家庭:女经理人美嘉 ……………………………… 135
　　核心共同体:日本知识管理学会 …………………………… 137

第七章　科技 …………………………………………………… 141
　　灵活的巨人:电通公司 ……………………………………… 141
　　我联系故我在:野村综合研究所 …………………………… 143
　　主页战略:NTT 都科摩 ……………………………………… 145
　　无纸化办公:普华永道咨询公司 …………………………… 147
　　展现未来:富士施乐"知识动力先机"咨询部 …………… 149
　　知识的广场:实通公司 ……………………………………… 152

结论:知识之道 ………………………………………………… 157

致谢 ……………………………………………………………… 161

参考文献 ………………………………………………………… 164

伟大的是你们，它属于使用兵刃的人，属于承受痛苦的人，而伟大的也是我们，它属于完美。我们的完美生于浓烈的情绪，而情绪由一种感觉唤醒。而你们的感觉系于牺牲。欣赏生于一种行动。对我们而言，这仅仅是按照最美的方式去生活的意识。

——安德烈·马尔罗[1]

那样的发光物却只会令我们感到厌恶……我们并非一概厌恶亮光光的东西，只是比起鲜亮的颜色，更为偏好沉郁阴翳的东西。

——谷崎润一郎[2]

---

[1] 安德烈·马尔罗（André Malraux）：《西方的诱惑》（*La Tentation de l'Occident*），格拉塞出版社，巴黎，1926年（此句是作者假借一个中国人的口吻对西方人所说。——译者）。

[2] 谷崎润一郎（Junichirô Tanizaki）：《阴翳礼赞》（*L'Éloge de l'ombra*），台北，脸谱出版社，1993年。

导论　水上降落

在欧洲，人们要求言辞清晰，尽量避免暧昧。
在日本，最妥当的言辞需要含有暧昧。
这种言辞最受推崇。①

2001年8月，我们曾试图接触几所日本大学，寻求在知识管理②课题上进行合作。为此，我们联系了法国科技信息发展机构（Agence pour le Développement de l'Information，ADIT），他们受法国驻日本大使馆科技处支持，主持一个电邮通讯栏。而事情进展之快远超我们预期。时任科技处专员的弗朗索瓦·布朗·德·柯斯顿（François Brown de Colstoun）与我们通过两封电邮后，便建议我们去日本实地参观知识管理的各种实际情况。我们出于对他的信任，或实际上是怀着冒险精神，在2001年10月首次踏上了日本列岛。我们本来只求用这一次旅行，完成一个任务，写出一份报告，达成一个目的，但却一发而不可收！随着事务由此及彼，我们在东京和巴黎接触了各界人士，参加了多次

---

① 路易斯·弗洛伊斯（L. Fróis）：《日欧比较文化》（*Traité de Luís Fróis [1585] sur les contradictions de mœurs entre Européens et Japonais*），尚戴涅出版社，巴黎，1993年。

② "知识管理"（gestion du savoir，或gestion des connaissances），是由日本管理学者野中郁次郎等人提出的概念，它是指企业或机构的内部对信息进行生产、共有、实践与管控，在现今的企业与机构管理中越来越受到重视。——译者

导论　水上降落

集体研讨会，终于像许多人一样成为了"日本迷"，迷上了它独特而难解的文化。那里的谜题，总是比谜底更加玄妙。

在这个独特的国度旅行，人需要不断学习，因为我们这些初次来访的非日本人唯一可以确定的是，我们对这里的一切最多只能得到一知半解，不可能彻底理解。其实在这里，人们如果对事情解读得太透彻反而有损体面。在这里，语言并不是最佳的沟通媒介，而且通行的英语，也不能帮助访问者透过所遇到的各种现象的表面而得到任何洞察。于是我们学会了保持沉默，留心观察，尽量不去解读这个现实，因为它总是想方设法地溜走，不肯留下来给我们仔细打量。而当我们的理性失去作用的时候，我们就只有依赖当前瞬间的感性，靠这种珍贵的保险措施，努力避免偏见和误会。而我们一旦想要去理解，想要澄清本意，可能费上几年时间，也未必能得到多少符合预期的确定发现。

我们对文化的学习，像是挖掘隧道，无法主导方向。而日本就好比上佳的红酒，"留香"浓郁。我们如果急于知晓确定的品鉴结果，或者向人热心解说，就会损害人们本来可能体会到的品质和收获。这里的人们，往往通过感触、回想、吟味，越过眼前所见的一切，不会过早失态地宣称"我懂了！"这种意识，是否属于地震活动频发导致的时刻警觉的精神倾向，抑或已经绝迹的古代日本武士的"武道"①特质？我们只有一点可以确定，从走出成田机场的一刻起，我们只有把"明确"抛之脑后，才能去探索这个社会，因为笛卡尔追求的"清晰与分明"（le clair et distinct）在这里会被看作怪癖。而我们在几番游历日本之后，也有了少言寡语的习惯，总是把一些话咽下不说，留

---

① 武道（budo），可指日本的柔道、合气道等具体武艺，也可指武艺修习中的伦理，其内涵与"武士道"相近，但两者的不同在于，"武道"强调个人修为，"武士道"强调侍奉主君。——译者

导论　水上降落

出另一重无声的维度。

为了探讨这个岛国如何以自己的方式跨入所谓的知识社会，本书的论述将提供两个入口，一是对其战略文化①的解读，二是一系列访谈实录，来自众多企业中知识管理的负责人以及该领域的研究者。本书将这两个角度分为两部。第一部以三章内容作为"钥匙"，它们将打开日本的知识创造的道路，探讨它的奠基中的战略思想的主要特征。这三章的标题，分别联系到三个汉字词汇："武道"与直觉知识（第一章）、"场"与协作知识（第二章）、"型"与知识创造（第三章）。而本书第二部，以四章内容引领读者"入门"：文化（第四章）、空间（第五章）、共同体（第六章）、科技（第七章）。这几章内容，源于笔者多次受邀参访，曾去感受日本列岛上的诸多机构如何理解、构建、施行对知识的战略性创造。这些内容并不提出确切的整体解决方案，而是希望分享并回应在日本逐渐开展的实际情况。而本书的结论部分，将通过几种路径把握法国战略文化的某些特点，来探讨日本模式的适用范围。

孤独、偏远、独特的大洋之隅

日本是一片多山的列岛，没有内陆纵深，向来经受着火山喷发和海啸的侵扰。在历史上，日本依靠大海这第一道屏障，一直免于遭受侵略，尤其避开了蒙古人，直到1853年美国海军准将佩里带来最后通牒，才顺势或被迫开放了国际贸易。面对危机和需求，这个国家的统治者们发掘本国文化，并偏重其军事成分。之前江户时代，曾以东京旧称而得名，便从这时起走向终结，而时代的首要价值也不再是沉湎

---

① 战略文化（culture stratégique），指影响战略决策的文化因素。"战略"一词，此处偏重于经营战略。——译者

5

导论　水上降落

享乐、玩味精致和享受生活。随着幕府将军统治的结束，这种变革又一次发生，让实权回到天皇手中。新兴的明治时代，开始探索西方各种更好的模式，将其推行于日本本国。在不到半个世纪后的1905年，日本海军竟然一举击溃了面积足够横亘朝鲜半岛的大规模俄国舰队。

因为历史和地理因素的牵制，这片列岛的自然条件与环境状况并非良好，甚至不利于生存。东京和韩国首都首尔之间以两个小时的航线相连，而在"二战"期间，日本军队曾在后者国土上留下并不美好的回忆，在所谓中央之国的中国大陆上也是如此。1945年，日本帝国败亡，在南线战场撤出了"美丽之岛"福尔摩沙（Formose），即现在的台湾。① 此前日本在此统治了半个世纪，也曾以此作为海上桥梁进攻中国大陆。而在北线战场上，日本也将库页岛输给了苏联。

在这个贫乏并缺少自然资源的岛国，人们从小就学会了集体生活和谨慎行事。人生存在集体中，极尽自身能力，毫无保留地为集体奉献，因为这样才能让集体得以存续。另外，空间的逼仄限制了自由施展的余地，作为弥补，日本掌握了无与伦比的快节奏，完全注目于自身在当下的存在，② 这体现在日本发达的技术文化中。日本的发展，其基础是对人力资源利用的不断完善。这个国家长久以来一直是独特的，它既不像亚洲，也不像西方，而恰是日本式的。

就岛民而言，他们相对于大陆民族会更多考虑与他者的关系。海洋的分隔形成一种鲜明的划分，这边是临海而居的社会，那边是各种其他的社会，所谓大陆居民，作为异域之人，显得遥不可及而稀奇陌生，而他们所拥的财富也令人觊觎。正因此，我们不难发现英国和日本具有相似的岛民战略文化，两者都重视沟通技巧以及对外来信息的

---

① 因为这段历史，许多台湾老人会讲日语。
② 本书第一章关于日本战略文化的内容将具体谈到这一点。

获取和处理。其中一个重要因素便是他们有共同意识，意识到共同的利益，而对海外他国则另当别论。

岛民的战略文化

战略并不是靠自身得以成立，它依附于人们所追求的、所要实现的各种目的而存在。从这个意义上讲，战略代表了一种采取何种手段的艺术，在不同文化里各有不同。一种战略文化，形成一种个别的艺术，让一个集体以此与空间、时间和他者互动，构建并延续自身。战略文化是在历史中形成的，它源自一个共同体用各种努力，去积极应对环境，争取自我成立、自我组织，保证自我延续，并在此之上谋求自身福利，获得优势地位。战略文化汇集了一个共同体的知识和经验的财富积累，让他们得以存续，也帮助他们面对危难和艰苦的时刻。

一种战略文化，体现为人们在寻求某个目的时整体的思维、行为和行动习惯。它受到各种物质现实和周边环境的客观影响。其中的重要因素是一个共同体在历史上的成败转折，包括由此而生的理论反思。战略文化的特性，还在于宗教信仰、政治和社会结构的不同，尽管它们也在彼此影响。采用《新约圣经》还是《旧约圣经》，区分着天主教文化和新教文化；而伊斯兰圣战观念或是《孙子兵法》，这些典型的策略或者独特的战争艺术作为源头，产生了多种可能的原则、方案和姿态，让人们应对各种问题并面对那些不可回避的问题，采取行动或与对手或他人发生互动。

人们对时间的运用方式各有不同。有些人生活在幅员辽阔的国家，例如俄罗斯，那里允许迟缓的回应；而有些人则生活在一片狭长的沿海地带，例如葡萄牙、荷兰与科威特。从客观上看，这些小型国家倾向于寻求与远方的海上霸主结盟，而非直接依靠强有力的近邻，从而

导论　水上降落

保持自身的独立。反而言之，海洋霸权国在争取盟友时，尤其重视极有价值的补给站和支援点，以针对自身的陆地竞争对手。

美国人类学家爱德华·霍尔（Edward Hall）依据生活方式和时间运用的不同，把文化分为"单时性"（monochrone）文化和"多时性"（polychrone）文化。[①] 日本属于前者，人们往往同时只做一件事，而在其他文化里，人们经常需要同时执行多个任务。我们一般认为，北欧文化偏向于单时性，而越接近南方和拉丁语系地区，文化就越多时性。人们如果忽略这些特性，就容易产生误会和不解，因为每个人所认为最正确的行动，都出自他本身的单时性或多时性的心态。

在这个共生和开放的世界里，决策者和来自不同文化的群体之间的互动比以往倍增，所以我们更有必要清楚认识到自身和他人的战略文化的独有特性。这不仅能高效地经营关系，也能形成洞察，带来收益。而我们一旦做不到如此，就会总是把异于自身的他人看作没有学识、礼教和文化并且无法共处，想当然地去强调他人的缺陷和弱点，忽略他人的个别性和价值。更有甚者，这种态度会让人局限于单方面的、专断的和破坏性的战略思考，只看到各种直接的优势，从而让人从根本上无法主导互动、把握"各个意志的互动的辩证关系"，[②] 无法让这种关系产生创造性、开放性和长期性。

一种战略的成功，在于它能够在个别的、变动的环境中，实现或主导其中的两方或多方意愿的互动。决策者作为人，不可能像《约翰福音》里创造世界的上帝一样，说"要有光"就让它成为现实，他必须顾及各种状况、未来的变动，以及他人。我们既然不可能彻底地压

[①] 爱德华·霍尔（E. Hall）：《生活的舞蹈》（*La Danse de la vie*），色伊出版社，巴黎，1992年。

[②] A. 博弗尔（A. Beaufre）：《战略导论》（*Introduction à la stratégie*），经济出版社，巴黎，1985年。

导论　水上降落

制和排除所有的反对者，就要知道那些反对意愿的种子总会在冲突暂时调停之后萌发，所以必须对此加以考虑。正因此，中国的传统战略文化的建议是，在决策时要避免创造未来难以清除的障碍。①

长远的考虑，是良好战略的特质。我们如果无视他人的文化特性，就会对他人不闻不见，也对自身不闻不见，无视各自的优势和弱点、各自的学习和改善的潜能。而我们应该做的，是保持距离。"这种战略性后撤的原则，是基于一种视角，让我们看到各文化的多样性；它也基于一种可能性，让我们可以从人们自身历史中延续的要素，来分析他们的行动模式和战略行为"。② 所谓战略，就是在环境和各种条件构成的平面上，计算并构画自身和他者（或多个他者）的两条边线，为其画出斜边而构成三角形。我们只要理解并熟悉各种文化的不同，就可以保持距离和把握环境，发现自我与他人的特长和缺陷。不管是在竞争还是在合作中，这样都能让我们持续地主导战略互动。这种策略，从多样性出发，不仅是发展和效率的来源，更是我们在这个开放和共生的世界里得以生存的当务之急，因为各种互动科技③在其中扮演着愈加重要的角色。

传说的分量与成见的危险

我们如果充分认识到日本战略文化的根源，便会发现日本企业的运作方式都是封建氏族的模式，而其中的工薪族就像日本武士，将身

---

① 皮埃尔·法亚尔（Pierre Fayard）：《理解并应用孙子兵法》（*Comprendre et appliquer Sun Tzu*），迪诺出版社，巴黎，2004年。
② 贝纳尔·纳德莱（B. Nadoulek）：《战略的智力》（*L'Intelligence stratégique*），CPE Aditec出版，巴黎，1991年。
③ 笔者认为"互动科技"（technologies de l'interaction）这个说法比"信息和通讯技术"更加贴切，而在所谓的知识社会的背景下更是如此，并会在后文中对这种科技展开讨论。

导论　水上降落

体和灵魂献给他们所属的大名。① 日本的战略文化与其他文化一样，包含一个总的背景，一整套自发的参考范例、姿态和行为，让人们在时间和空间中做出集体的思考与行动。它渗透在日本人的想象当中，恰如欧洲文学中的《伊利亚特》、《奥德赛》、《罗兰之歌》、圆桌骑士、黄金国这些传说也渗透在欧洲人的想象里。

对于美国而言，殖民边界西进的故事，讲述了先驱们不屈不挠、勇往直前地向西开拓，促使文明进步取代蛮荒状态，构成了一直留存的典型。这段征服史，让人想到美国人发起侵略性的远征，进攻那些威胁到殖民发展的印第安人。远征蛮夷的这种情况，构成了一种行动模式，正如在阿富汗战争中，我们发现美国的现代骑兵同样直闯那些美国文明侵略者的巢穴。方案在过去已经写下，待人采用，并会应情况需要而得到新的应用。

有趣的是，有时正是文学甚至漫画，产生了比真实面目更为典范的故事。在法国跟超级大国美国的对抗中，正是漫画《高卢英雄传》（Astérix le Gaulois）塑造了法国的文化典型。漫画的主角阿斯泰利克斯和奥贝利克斯去高卢领地外，游访伊比利亚、哥特、科西嘉、埃及与赫尔维特②等民族的土地，始终尊重罗马治下不同文化的特质和权利，这不难让我们想到法国在国际政治中的某些立场。各种传说构成一个参考体系，让人们根据它，在历史进程中或在紧急时刻做出新的特定行为。文化战略是潜在的，反映在人们的某些反应和某些行动模式当中，很少事先进入考虑。因此，我们如果在一国国民的共同体范围之内，详尽地解释如何设计并实施某种战略，并不会有多少帮助；这样做虽然能带来高效的行动并赢得时间，但不能保证成功。

---

① 日本封建时代的领主封号。
② 赫尔维特，曾是高卢民族的一支，居于现瑞士境内。——译者

10

导论　水上降落

对于岛民，临海的确是客观上的防御优势，但这个条件也等于国界全方位开放。从前的英国统治者正是为走出这种困境，将对面的海岸当作真正的战略边界，形成强势的控海权。[①] 岛国的地理现实促使人们创造方法，以掌控自身与外界的沟通空间。正是因此，岛国往往有重商传统，并很早开始利用情报工作，以对抗距离的阻碍，针对大陆国家的竞争对手而积累信息。他们派出远洋探险队，在海洋对岸的对手势力之外先行思考和评估自身所需的投入、资源、合作对象，甚至包括陆地对手的兵力分布。

他们需要从战略角度出发，开展良好的物流工作，保证两次货物稳妥转运：在离岛时装载货物，在登陆时面对可能来袭的敌人卸载货物。他们既需要绘制地图（情报工作），也需要保证成功返航（物流工作），而这些都要依靠信息。这种地理形势，可能塑造了捕猎者的集体心态，共通于居住在海峡边上的英格兰人、大洋边上的日本人和法国利翁湾边上的科西嘉人，让他们把面前的大陆看成了猎物。由于必须共有情报，他们形成了真正的信息文化，学会了分享信息并争取更好地利用信息。

岛屿民族和大陆民族的区别，从某种意义上类似于游牧民族和定居民族的区别，两者在移动奇袭能力方面差距很大。岛民面对无边无际的大海，只要掌握制海权，就可以自由行动并掌握主动，大陆民族却面对四面来敌而疲于防守。而陆地强国也来争夺制海权时，[②] 岛民就处于危险关头。日本帝国的转变就如同全盛时期的英国，在完成统一后开始向外征战，一改之前长久的历史，不再从中国和朝鲜半岛引进

[①] 关于这一点，参见这本精彩的文集：朱利安·科尔贝（Julian Corbett）：《论海军战略的原则》（*Principes de stratégie maritime*），经济出版社，巴黎，1983年。其中作者分析了英帝国如何在海上争霸中成功地对抗了荷兰以及法国的力量。

[②] 例如黎塞留（Richelieu）的海权思想：让所有国家开放港口。

导论　水上降落

文字、哲学、游戏、宗教、工艺以及《孙子兵法》这种战争艺术的经典。不过日本还是一个转型者，始终对外来的赠予或收获加以"日本化"，往往还能将它们改善。

时刻做好准备！

面对着全球化带来的不确定性，以及发达国家在国际竞争中不断失去优势的局面，很多人不再认可日本，因为它正处于危机，而且被迅猛增长的中国甩在了后面，它的未来无人可知。但这样看就是没有认清这片列岛，因为它具有惊人的能力，曾经不止一次面对各种挑战而重整旗鼓，它的做法就是依靠自身文化与传统中的动力，形成适宜的发展方案。同时，尽管企业管理的基础是按照领土和战略对峙的逻辑、按照美国方法去汇聚力量，但我们在面对知识社会时，在组织结构方面难以应对挑战，而日本的企业的模式恰恰打破了传统的代表形式。

信息与通讯科技在虚拟和现实层面都有史无前例的发展，而在这个仍保留着内在边界的世界里，知识发挥着前所未有的战略作用。面对这些因素，我们不能再用同样的框架和准则去思考经济活动。在突如其来的新变化与各种传统概念之间，发生了如此彻底的脱节，让人们难以去设想手中的选择与其他的可行方案。职业经理人也像普通人一样忧心忡忡，艰难面对着市场竞争中各种新的问题和新的价值。这个环境的抽象定义和具体问题互相冲突，阻碍了人的想象力，而我们在这样的环境中，该如何思考和实践企业的业务活动？我们对求稳心态导致的后果还记忆犹新：当马其诺防线在1940年建成时，我们曾经多么高枕无忧！而今天和明天，我们的决策只能来自经过计算的赌注或是风险，或更确切地说，来自持续的变动。那么今天我们究竟该如何选择？

导论　水上降落

重实际的日系企业也意识到了这些问题、威胁与需求，于是致力于试验各种新的管理原则，而它们的总称，就是"知识创造"，而它具体可以翻译成：在开放性的世界中如何形成战略性的共同体，在协作中进行知识的创造。在今天的地球上，各种概念、各种模式、各种风潮可以用光速传到各个国度和文化中。而我们如果盲目引进这种日本产物，不仅滑稽而无益，也将不得要领，甚至产生消极作用。我们对待它，要像对待从网上下载的软件一样，进行文化上的"解压缩"操作。日本正是基于自身的文化土壤，在企业管理上形成创新，从而在面对重要的行业竞争对手时抢占了先机。

本书将邀请读者去发现，日本这座熔炉曾经形成了哪些价值观，并如何将它们用于自身，从而发展出知识社会中的组织机构管理办法。而书中的信息不仅限于企业管理，因为现今全球范围的变革扰乱了人们的习惯、集体和个体行动的概念和表现。尽管世界并不会变得极端日本化或中国化，但我们不妨把日本的各种实验看作为我们西方带来灵感和激励的绝佳源泉，因为美国的技术至上方法论（méthodologie techniciste）已经让我们充满困惑，难以去面对现在，并建设一个可行的未来。既然这个发条已经松缓，我们便看向远东，但这不是为了复制那些我们在自身的文化土壤上不能做到的事，而是为了丰富和刺激我们的创造能力和概念思考能力，从而解放我们的行动。我们越是努力去理解别人，就越能在对照中理解自身。

成田机场的和谐插曲

在法国航空公司飞往巴黎戴高乐机场的行李托运柜台前，有两名海关人员，穿着笔挺的制服和白衬衣，系着领带，态度友好而严肃。他们拦在行李托运的通道前，因为还不到值

导论　水上降落

机时间。他们左边是英国航空公司飞往伦敦的航班柜台，有同样的人员配置。一个高加索人①在那里等候，倚靠在高科技行李推车上。这种小车适用于电动扶梯，完全不像戴高乐机场里那种不讨人喜欢的笨重而不稳的推车。

这名旅客希望自选座位，早早赶来，排在队中第三位，只等把行李送进关口接受扫描。这时来了一个工作人员，他穿着连体作业服，蓄着胡子，眉开眼笑，把这个等候中的旅客带出了昏昏欲睡的不清醒状态。他面带明显的微笑，夺过了装载着行李的推车，并一直看着那名旅客。而那些负责托运行李的海关人员看着这一切，表情吃惊并显出关切，但未加干涉。

在那个高加索人看来，这个人像是阿伊努人②，因为他肤色黝黑，头发近于红棕色，而他一边挪动推车，一边说着什么，像是劝他放心，并且语调柔和。他边走动，边做着明显的手势，比画出一条与行李检查口方向互相垂直的线，示意候机队列从推车的位置向后站，给机场的人流腾出自由行走的空间，而这时，人流在横穿大厅时一直在硬行穿过这些旅客组成的屏障，因为队列已经排到了航站楼的玻璃墙边。

这个人的话说服了大家，整个队列迅速行动起来，像蛇易于做出柔软的摆动，没有吵闹也没有夹插，而那些海关人员也放心下来，露出微笑，表现出真实的喜悦。这个阿伊努人本来只负责某项专门职务，却为航站楼大厅恢复了整体的和谐和通畅，让所有途经这里的人都感觉愉悦，而大家都对他心存感谢。

---

① 日本人将此称呼用于亚裔之外的任何白种人。
② 阿伊努人的历史早于现今的日本人，原本生存于日本列岛北端。

第一部分

钥 匙

第一章 "武道"① 与直觉知识

武道

> 此刻正是时机，时机正在此刻。
> ——山本常朝②

> 当你有意识地与敌人对峙时，你的行动已经慢了！
> ——宫本武藏③

---

① 本书部分章节的题辞页中，著者采用日本汉字表示源于日本的概念。——译者
② 《叶隐》（*Hagakuré*），现有多种法语译本。
③ 《五轮书》（*Gorin-no-sho*），阿尔班·米歇尔出版社，1983 年。

第一部分　钥匙

行动的哲学

　　日本战略文化的诞生，要追溯到这片列岛的封建时期。在那时，那些战士、忠诚的武士正是日本的典型形象，正如中国的官员、担任公职或负责治理的文人是中国的典型形象，而这不是我们通常所知的那么简单。对此有两本书籍可作参考。第一本是《五轮书》，其作者是著名"浪人"① 宫本武藏（Miyamoto Musashi）。传说中，他赢了60场决斗，而晚年沉浸于钻研和思索。第二本是《叶隐》，其作者是先为武士后入佛门的山本常朝（Josho Yamamoto）。

　　这两本书的时代可以上溯至16世纪的西方基督教时期，它们在多种西方语言中都已被译介。《五轮书》在今天的日本仍是人们可用的参考，而《叶隐》由于它绝对的、原教旨主义的一面，在明治初年的军国主义思潮中也曾发挥影响。对这两本书做过回应的人如果列成名单，将会长得令人吃惊。其中最有名的当属日本小说家三岛由纪夫（Yukio Mishima），② 他在1970年的切腹仪式中将自己的信念和行动归为一致。而今天这两本书在法语中也有一些优秀的翻译。米歇尔·朗东（Michel Random）曾为日本武术拍过一部精彩的影片，他也在《日本：隐形的战略》（Japon, la stratégie de l'invisible）一书中为我们提供了可靠的参考，让读者了解日本那独特的战略与格斗文化。近来，贝纳尔·纳德莱③在对不同战略文化的比较研究中，将日本的战略文化归纳为"预判"（anticipation）模式。不过现在我们先回到那两部经典本身。

　　山本常朝在他的奠基性著作中提出，武士在面临生死存亡的抉择时，如果优先考虑保存自身，就不能动用自身的全部手段。这种致命

---

① 指无主的武士。
② 见三岛的著书：《叶隐入门》。
③ 见其前引著作；他在其中区分了三种战略文化的体系：直接性的、非直接性的以及预判性的。略有遗憾的是他的作品发行极少，让大众难以见到。

第一章 "武道"与直觉知识

的自保顾虑不仅会导致不可挽回的后果，也会弱化他的决心，僵化他的动作，限制他的控制能力。与此相反，他只有不惜死亡地去思考，才能彻底投入，更好地发挥，超越自身的极限，突破自身的能力。他建议道："如果面临生死抉择，要毫不犹豫地选择死。"在三个世纪后，三岛由纪夫强调，"死亡"是武士道的指导和最佳的援手。"《叶隐》指出，日常地思考死亡，正是对生命的关注。如果人想着自己今天有可能死亡而工作，我们就必然感到他的工作中绽放出生命和意义……而这个体的牺牲有赖于一个集体的存在，在集体中得到其尊严。"[①] 我们从中可以发现，在日本文化中，对集体的考虑和不计代价的投入是多么重要。

日本的战略文化源自武士的修为，所以不同于中国的战略文化，只是对后者有所吸收。后者更加重视计谋和政治，推崇长期效用和最少投入。中国人思考中的核心是经济原则、保存能量、维持平衡，这些因素可能导致了更重计谋的联系与策略。"文官"和"武士"的形象超出了我们的既定印象，分别代表着大陆型的中国与岛国日本的传统战略文化。文人尽忠于国家，但会通过学业上的功绩，或用计谋换得更高品阶，而武士的绝对忠心没有任何极限，直到献出生命。中国人关心保持与经营平衡，以此保证国家长存，而日本人只在乎自身对当前的完全投入。

文官的文化包含对全局的思考与对长期前景的考量，所以更看重战略，而武士的文化最擅长战术与行动。尽管中国与日本的战略文化之间存在这些不同，但时间在其中都起到决定性的作用，因此，我们

[①] 对于三岛，集体的概念可以联系到氏族、首领、大名以及家庭。在武士道的规范里，武士一旦失去了所归属的首领（大名）就不再有生存的理由，应当用崇高的方式自杀（切腹）。虽然这是一种极端表现，但我们不能忽视它构成了一种背景，影响着人们对集体生活的参与，而这种集体，可以是学校、公司、国家，或是一种超出群体范围的目的，对此我们将在本书第二部分谈到。

第一部分　钥匙

对它们的研究尤其符合现今世界里时间维度相对于空间维度的优势。中国有"水"与江河的意象，行动总发生在人们难以把控的暗流之后，而暗流的积蓄可能为以后的灾难埋下根源。而日本武士的"火"之修为，总是伴随着集体的缓慢转化，让每个人的能量协调一致。①而一旦机器发动，人们的实际行动就不再有任何限制，也不再有任何疑虑的余地。在两者之中，准备阶段都很漫长。

在日本，战略文化可以表现为一种行动的哲学，它把服从与献身看作基本的要素。三岛由纪夫曾借用山本常朝的词汇提出，人通过"本能的纯真"，可以到达一种理想，不惜为此献出生命。"叶隐的哲学将行动作为超出自我限制、投入宏大集体的最有效方式。"人们重视保持和谐与加入集体，只做集体的一员，而这也是多种多样的日本之"道"②的终极追求。三岛由纪夫以罕见的尖刻态度批评西方的人本主义，认为它的普世理念之中隐藏着"我"的缺乏主动与言行不一。欧洲理性主义基于讲究算计的精神，最终只能将死亡看作一项债务，将生命看作一笔贷款，而武士之道与此相反，它在生命的每个瞬间无一例外地让人极度集中，从而永不放松警惕。

"在推崇禅宗的佛教哲学中，目的包含在手段之中，目标包括在路途之中。"③人只关注现在，只看到现在。过去不过是人现在的意识中留有的事物，未来不过是现在所包含的可能性。正是因此，山本常朝提醒人们"此刻正是时机"，并始终意识到"时机正在此刻"。以此看来，我们对某个瞬间和另一瞬间的特质，就无法找出不

---

① 笔者将在本书第三章谈到"先行铺垫"（nemawashi）的案例时对此具体分析。
② "道"指道路，是持续趋向完善的修为，如"柔道"是柔术之道，"合气道"是和谐之道，等等。更广义地说，"道"就是通向觉醒的路径。
③ 纳德莱：前引。我们可以将此联系到（西班牙诗人）安东尼奥·马查多（Antonio Machado）的《谚语与传说集》（*Proverbios y cantares*）中的一句："……行者不知道路径，路在行者的脚下……"

同或形成对比。行动与冥想，日常最普通的活动与生死决斗，它们都同等重要。

"真实"就是修炼场，人需要不加伪装地面对它，将自身完全投入其中。而其中那些障碍、反抗、敌手、环境的变化和限制，并不会遭到忽视或否定，它们代表着使人完善的激励之源，是促成持续进步与改良的支柱。那些限制、难题和故障，会受到人们的正视、调查、看重，甚至会促进研究，因为一旦没有它们就没有了可能的路径，没有了"道"。任何集体和个人参与者对自身的成败都负有完全的责任，不会顾及某些借口或精神状态的问题，也不会格外顾虑环境所构成的难题。这种态度带来一种持续警醒的精神，而它可以解释为那锐利的感性，以及日本人善于捕捉"弱信号"[1]中的信息，生产利于行动的知识。人们对察觉到的一切毫不遗漏，而我们在分析日本的企业管理和经济表现时，必须顾及"武道"的重要影响。

唯有不可见的才是日本的

"'道'是对中心的掌控。中心代表着稳定、和谐"。[2]人能否找到正确的位置，做出正确的行动，取决于他与全体的关系，而个人对于全体只是一个组成部分。这条原则要求人的真诚，尽可能地消除其他不同的解释，不至于引起"自我"的影响，或让一个小"我"自认为与众不同、独立于环境而变得重要。和谐的实现，来自一个中点，即日语的"腹"，[3]而人与自然相结合，就能立于不败之地，因为没有人

---

[1] "弱信号"（signal faible）作为经济情报工作中的术语，是指介于无用信息和可用信息之间的数据。人是否有能力迅速把弱信号判别为无用信息或提取为有用信息，这一点具有战略重要性，有各种特定的处理方法。

[2] M. 朗东:《日本：隐形的战略》，菲林出版社，巴黎，1989年。

[3] 日本人认为，它位于脐上二指宽的地方，是生命体的中心。我们还将在下一章里"场"的概念中更详细地谈到这个中心与基本点的概念。

第一部分　钥匙

能够与自然本身作对。人在搏斗中要想存活，就要基于自体之"腹"去适应周边情况。朗东这样写道："它是一切事物的起点，也是一切事物的终点……极致的简洁始终源自和谐，而这种和谐居于一个自控的存在，他不会因为分心或专心而被扰乱。"而公正的搏斗不仅是理论上的检验，更从事实上决定谁将存活，谁将被消灭。或者说，它可以分出谁与环境保持和谐，谁无法理解自身处境从而无法适应环境。这一点要求我们有备于所有的时刻，而不仅注意那些发生冲突的情况。

　　搏斗不过是展示预先存在的状况，因为宫本武藏写道，决斗中"胜利首先取决于精神"；因此在日本，竞争远在可见的视野之外，它根植于直接的认识与各种能力本身。人们对信息的处理，完全是出于这个过程，而其最有效的方式，来自日常中总在更新的要求。三岛由纪夫回答米歇尔·朗东时说："唯有不可见的才是日本的。"[1] 这是因为，后者去拜访时，看到这位小说家的屋里尽是法国上个世纪的家具，于是感到吃惊并问道，这位如此坚持日本传统价值的作家，为什么会在自己生活的私密空间里，让家装如此西化？三岛由纪夫的回答联系到人本身，而不是展现出的各种形式，因为后者是暂时的，毫不重要的。而在1970年，这位小说家未能煽动日本自卫队的军人，极端推崇民族主义的他，面对这场失败，用切腹的仪式自取性命。他认为在这个遗忘了过去根基的现代化日本，自己的生命不再值得坚持，于是在这终极的行动中让信念与行动归为一致。

　　直觉的培养是武士文化的核心。哲学家西田几多郎（Kitaro Nishida）[2] 认为："我们如果试图在抽象概念的层面定义直觉，就只是在思

---

[1] 朗东：前引。
[2] 这位20世纪初期的哲学家直接启发了野中郁次郎，使他在"知识创造模型"中引入了"场"的概念。

第一章 "武道"与直觉知识

考一种静止的状态。实际上，直觉是让我们通过身体去把握现实。所以，它应该称为'直觉行动'。"①"武道"的姿态，让人在参与中与环境相结合，从而让一个信号的源头和表现之间没有间隔，随之，也让人对它的察知和采取反应之间没有间隔。正因此，日本人说："智者观察池塘中锦鲤的游动，就能预测是否将有地震发生。"日本人的直接的感性，正如鲤鱼对地壳运动的感知，他们一直在注意周边环境中是否有难以察觉的变化，并让自身感受这些变化，借此为机会，发展自身的"道"、自身的路径，保持正确的位置。

"正确"联系到实事求是的概念，但我们也可以把它联系到时间与外来的节奏，它意味着适应周边情况，最终达到和谐。武道、花道与茶道便是对此的几种表达，它们毫无松懈的进展过程，可以培养感性，直到令其至臻完美。西方人的精神更重"超越"（transcendance）而非"内在"（immanence），所以无法得到这种完美的状态，而日本人让它体现在那些"人间国宝"②身上，这些人在自身的平凡生活中完美实现了一种艺术。一个工匠如果把漆器做得无可挑剔，就可能被天皇命名为人间国宝，因为他的高超技艺属于这个世界，③就在此时此刻。他的技艺无关于后世的彼岸，无关于在逝后被他人追忆的生命，它的体现只需要个人的意志不去影响自然的神工，只需要个人的因素不去干涉或减少自然的和谐。

合气道的创始人植芝盛平大师（Maître Ueshiba）曾经告诉弟子

---

① "行动型的直觉"（koi-teki chokkan）这一概念结合了两者：一是"行动"（koi），即"由活动所展现的意图"，另一是"直觉"（chokkan），即"本能或本能性的知识"。

② 日本政府认可的称号，颁发给那些通过自身的高超技艺保存着"重要无形文化财产"的宗师，其中"人间"在日语中意为"人类"。——译者

③ 按照逻辑而言，在西方社会里"全面品质管理"（qualité totale）其实难以设想，也并不现实，因为西方社会受到基督教影响，其中的"完美"并不属于这个世界，而属于彼岸。

第一部分　钥匙

们，他们与自己比试的时候，就是在与自然本身对抗……而人怎么可能战胜自然的力量呢？厄让·埃里格尔（Eugen Herrigel）[1]曾经跟随弓道老师阿波座学会了日本传统的弓术（kyudo），这位老师强调，并不是自己拉弓射箭正中靶心，而是有什么东西通过自己去这样做。箭矢射入靶中，只是因为它在射出之前已经与箭靶成为一体。过去、现在和将来其实是一体的，汇聚在当下的瞬间。人要做出正确动作，就要消除弓手、箭矢（中介）和目标（目的）之间的不同。我们只有摆脱那纠结于眼前的目标而零碎、中断、僵化的意志，才能让能量呈现在纯粹的状态中。

我们如果将注意力过于集中在某个意图、某个目的或是对手的刀刃上，就会让意志失控，增加我们所面对的危险。阿拉伯谚语说："聪明人指向月亮，愚蠢者却只见手指。"这告诉我们，要去接受对手的掌控，加入他的游戏，承认他对交流用语的定义。"任何意图本身都构成一个目的，吸收那终极目的……存在着的事物，它只要求自我显现，像一支箭矢或一个突然发生的现实那样突如其来。"[2] 人的动作，只要不涉及任何个人意志，就是自然的、本质的。"当目标不再与我互相分离，我就能在箭矢射出之前看到它射中目标。"[3] 人要做的只是去察知，让存在着的事物自我显现，不去延缓、防止或影响任何存在着的事物。目的不在于征服，而在于正确面对当前在发生的转化，或者如安东尼奥·马查多（Antonio Machado）所说，目的就在我们脚下。[4]

---

[1] 《古代弓术的禅意》（*Le Zen dans l'art chevaleresque du tir à l'arc*），德尔维出版社，巴黎，1970年。
[2] 朗东：前引。
[3] 埃里格尔：前引。
[4] M. 朗东：《日本：隐形的战略》，菲林出版社，巴黎，1989年。

第一章 "武道"与直觉知识

去认识，去融入世界中各有特色的状况，这是一种艺术，它在一个过程中让行动与意义相结合，或让意义自我显现，就像鲤鱼感到地震前兆的微震一样。日本文化中，包括培养人对信号的敏感。交流在这里不仅在很大程度上依赖语境，还需要领会未被言明的规则，这种方式是默契的、集体的。如果有人把一句话讲得太明白，这说明他自己缺乏理解能力。在这样的系统里，如果有人坚持要求一个解释，这可能说明已经发生了误会。这两种情况都让对话的一方损失尊严，也让另一方的行为显得没有修养。基于这种默契的习惯，人们自然养成了超常而敏锐的观察能力，通过各种信号去表达，不需要把"清晰而分明"的说明作为手段或强加于人。表达的一方省去了用于解释的时间，而接收方需要跟上节奏与其保持一致。①

日本的老师不会费力给出一步步的说明，而会让人去感受与领会一种技术，通过一个整体的动作，以此为基础做出回应。就像之前所说，语言在日本并不是最佳的交流手段，它过于冗长且过于具体，只能表达有限的意义，不能涉及语境中暧昧的一面，而这一面在岛国日本是必不可少的。

战术与人际关系的奥妙

日本战略文化尤其注重人际关系与互动，因为从此出发才能联系和组织一切。"'我'是根据情形、与他人的关系而定的：它的有效性是临时的，这不同于欧洲语言中的常规，即身份的确定无关场合。"②

---

① 这一点在日本的日常人际关系中反映为人们频繁地回答"好"（hai），它可以表示：我懂了、这已经这样做了、这已经包括在内了、不客气、欢迎、没问题、请进、加油、再见……换句话说，它代表一种人际关系的最佳润滑剂，让人们保持一致、和谐与流畅。
② 奥古斯丁·贝尔克（Augustin Berque），见中川九定（Hisayasu Nakagawa）：《日本文化入门》（*Introduction à la culture japonaise*），法国大学出版社，巴黎，2005 年。

第一部分　钥匙

　　所以，人们需要对他人和环境有同样的观察，敏锐地领会并意识到人际关系与其确定含义和转变。这就像在搏斗中，谁先手攻击和谁后手防守的角色是相对分配的，可以互相转化。

　　没有什么是固定和恒定的，一切都按照节奏进行，其中有暂停、攻击和防守，积极和消极……而这些需要人们去意识到。"和谐"支配着这些空间和时间内的转换，它是工程负责人和建筑师，也可以说是协助持续转化的战略家。于是，谁能在时空中达到和谐，谁就能与它一同动作，不过他需要经过一个特别的与严苛的过程才能形成这种能力。在合气道里，防守某个招式的一方（受方）永远不去跳出这种结构性和变化性的关系，配合发出招式的一方（取方）。受方贴合动作的走向，保持和谐，在自己的位置上跟随对手的动作，从中重新形成主动并发展出实用的智力。①

　　哲学家西田几多郎的"纯粹经验"概念，是指人的感知中超出有形展现的部分。"人在看到一种色彩、听到一种声音的那一瞬间，它先于人想到色彩和声音来自哪个外部对象的活动，或者人感到什么，它也先于人对这种色彩和声音是什么所作的判断。"② 这种直接的意识，源于身体处在一个环境或处在一种相对关系中，而个体在其中的角色是基于结构的、被结构化的。这种情况下的行动，不是决策的结果，不是一个活动的意志所做出的，也不是为了达到一个独立的目的，以此形成或改变某个环境的配置。相反，这种行动是与自然相一致而展开的一种参与；而动作的正确，需要人熟练运用对瞬间的感受与领会。

---

　　① 这种互相之间的平衡也见于巴西武术"卡波耶拉"（capoeira），其中一方做出动作，对手闪避，随即反攻，转为前者闪避，如此继续。
　　② 《斯坦福哲学百科》（*Stanford Encyclopedia of Philosophy*）中的"西田几多郎"（Kitaro Nishida）条目。

第一章 "武道"与直觉知识

"在一个突然发起的行动中,有一个生死攸关的时刻,这就是那种瞬间。瞬间位于时间之外。它仅仅是存在着,并且永恒地存在于人与任何事物中。武士习惯于生存在各个瞬间中。在这些瞬间中,没有生,也没有死。每一场发生在两个武士之间的较量,从它本身的角度而言,都是生存于这个瞬间里的艺术……在这一刹那,生与死是一体的。"[1] 日本人在认识中带有这种根本的秉性,它的基础是一种基于直觉和行动的能力,而这种行动是即刻发生的,不会经过精神的处理过程而放缓。参与者在某种影响自身存亡的情况下,如果用时间去分析,就可能让反应出现偏差,葬送性命。不仅如此,这种秉性也是造成无序的源头,因为它把个体作为唯一来源,让他去做出决定、影响未来,也让他不受环境因素与集体所遵循的本来逻辑的影响。

对于山本常朝、三岛由纪夫来说,相对于形成计划、考虑并选择某些个别目的,武士道更在于从事实中获得即刻的真理,用极端而绝对的行动效忠大名。武士的生存目的并不是基于目的去考虑自身利益,而仅仅在于能把任何场所、时间与情况用于完善他的行动。他不会想到未来,因为他只知道那种纯粹经验的瞬间。他即刻形成的意识,不是因为追求形式化或者顾虑自身存亡而放缓。我们在思考武士道的时候,也要将它置于氏族社会的框架中,这样才能理解一个关键的相关因素,它决定着武士与家主的互相承诺。武士可以将身体和灵魂献给技艺,这是因为他所属的大名负责考虑本家族的利益、指定其方向。而《五轮书》的作者宫本武藏是一个特例,他作为浪人,无主可侍,于是到达一种抽象境界,献身给武士的伦理本身,突破了任一个大名的势力限界。

---

[1] 朗东:前引。

第一部分　钥匙

创造空间的节奏

　　正如之前所述，日本列岛的地理特点强烈地影响着它的战略文化。许多个世纪以来，这个民族在"空间"中不具备某些条件，但在"时间"中有所弥补。他们获得的出色能力，就是在行动中保持精准的短节奏。空间的紧缺，限制了他们的活动范围、行动与移动的自由，而时间上的补偿就是一种预判。他们基于实践能力与知识，随机应变，在时间上抢先一步。如果说在美国"时间就是金钱"，那么在日本，时间的尺度就是紧缺的空间，这里的一切进展飞快。日常生活中，一次交往刚刚被提出，就能立即收到实质性的回应，从而让对方做出特定的动作与礼仪，把空间留给其他需求。这一点也反映为人们在每个瞬间的高质量互动，他们所投入的完全的关注，因此他们能顺利地节约许多时间片段。

　　在这个观念体系中，感受与直觉方面的培养，可以让人们在某种趋势或需求在现实中展现端倪之前就有所察觉。这种洞察力，让个别或集体行动者可以将自身或其行动置于那个未被占用的"未来空间"，凭借准确性与抢先的一段时间得到优势地位，就像一个冲浪手在波浪形成时已经踩上波头。在集体的层面上，"'预判'的战略思想是有先见之明的。它随机应变，并且可以重构各种势力的布局，因为它可以创造新的武器（创新），或是新的组织方法（构建网络），通过创造新的价值来促进团队的凝聚力、巩固人们的决心。"①

　　日本这个国家，在空间上受到精细的组织，利用着人们分割、细分、优化时间的突出秉性。宫本武藏告诉人们："当节奏作主导时，便有良好的执行"，而节奏这个概念，位于日本战略文化的核心。《五

---

① 纳德莱：前引。

第一章 "武道"与直觉知识

轮书》建议去所有事物中发现节奏。正是节奏，通过一种共同的呼吸，让集体团结起来，保证工作步调一致。"我们必须分清（事物）兴起的节奏和颓败的节奏……我们首先必须认识和谐的节奏，才能理解什么是不和谐的节奏。我们必须分清什么是贴合的节奏、落后的节奏、相反的节奏。所有这些节奏，不论长短快慢，都是兵法的体现。如果没有察觉这种相反的节奏，我们的兵法就没有坚实的基础。"①

在企业中，人们共同的节奏体现在"场"中，这一点将在下一章与第二部分的采访实录中谈到。关于搏斗，宫本武藏倡导"空"的节奏，它诞生于知性，而它的效果让敌人措手不及。② 为了把握对手的节奏，人就要养成一种秉性，完全进入对手的位置，从而在敌手刚刚产生意图时就削弱它。在这些萌芽阶段去行动，就是极限地运用那追求最佳手段与效率的原则。"执行中的关键，在于保持主动，不断地针对敌手的节奏，在必要时改变自己的战术，如此直至取胜。"③

武道时常提到决斗，因此它具有一种战术意义和实践意义，我们对此好奇的是，日本的战略决策的出发点在哪里。在这个问题上，中国典籍采用弓手、弓、弓箭④的形象，来指代并区分政治（目的）、战略（一套方法）、战术（具体情况下的方法运用）三个层面。⑤ 而如之前所述，这三个层面在武道中倾向于化为一体，因为武士之道即是面对死亡。武士通过在瞬间之内对可用手段的持续完善，把三个层面汇聚起来，脱离了政治与战略维度的决策。这里缺少反思距离，因此在

---

① "节奏"即《五轮书》中的日语词"拍子"。——译者
② 笔者对此曾以合气道的"入身"技法为例说明，见法亚尔：《主导互动》（*La Maîtrise de l'interaction*），零点出版社，巴黎，2000年。
③ 纳德莱：前引。
④ 具体地说，是弩手、弩、弩箭。
⑤ 法亚尔：前引，2004年。

第一部分　钥匙

手段上、从长期看来带有巨大风险。

　　然而我们不得不设想，这种传统文化里并没有考虑时间上的持续，因为战术层面占据绝对的优势，所以生命以平等的方式活动在每个瞬间内，无论是面临格斗的极端情况，还是在办公室、茶室里，或在满足各种生理需求时。既然"目的就在手段之中"，[①]那么，就没有什么让人超出此刻去思考，某个特定场景的情况并不会以其个别意义影响行动的进行，而空间也不会限制行动的展开。这个论点的证据也见于日本各个领域里令人惊叹的广告宣传。[②]

"反压先手的好处是为自己创造空间"[③]

　　《五轮书》的副标题是"在一切事物中取胜之道"，其中有一整套详细并实际的建议，从不同参与者的相对角度出发去思考格斗。它提出的几种互动模式，都是基于短时间内对各种能力的平衡。各种"先手压制"的技巧，都是直接的，讲究利用一种优势，在很快就能决出结果的正面对峙中改变局面。一般来说，这一点可以转化为一种技术、一种新的概念、一种方法、一种特别的技能，让别人的主导处于次要地位。纳德莱认为，它是"一种有限但有效的方案，它的弱点在于，它很快就会被对手识破，让他采取相应行动，推翻它的效力"。在较量中，它的成功往往在于突然发起主动，形成奇袭，迅速做出决定。而对手由于落后一步，即使有所反应，也只能后手应对。在生死攸关的决斗中，人不可能采取确定、缓慢、深思熟虑的方式去运用先制技

　　[①]　纳德莱：前引。
　　[②]　这种现象也关系到现代中国的极速经济扩张，它沉浸于战略能力所带来的效率，以致不再关心长期结果或考虑其他可能性。
　　[③]　被访者杨芽衣（化名）对笔者所言。（"反压先手"和"后手压制"，前者指备于对手的先手，在对手完成先手之前予以压制，后者指后发制人。——译者）

巧。人的整个行为与连续动作都是预先决定的，以致在具体境况中，主体不可能有时间去思考，只是本能地形成动作。这点在面对强大的对手时也能改变局面，只要他的迟钝可被利用，或者他的"纯粹经验"① 不够敏锐。

而"后手压制"或者说反击的技巧，在参与者实力相当或者对手更为强大时更加适用。它让人留在战术互动的空间范围内，与此同时创造一个"空"的狭小地带，略微拉远对手的打击点。它延长彼此距离，但恰好不超出对手范围，诱使他发起动作，误把留出的"空"当作他的优势。对手无法伤到目标，却被自己的动作牵引，不能保持动作。这时，守方就可以占据互动的中心，主导和谐并加以利用。这种后手的博弈策略，② 先用一段时间留出场地，等待有利时机，再用后手主导各种动作的方向。

这种冒险方案可以成功，在于一种行动能力，需要人能保持节奏，并能迅速投入实践。日本在输掉上一次世界大战后，让美国的众多竞争对手去研发各种新科技，随后致力于完善它们，从而取得优势，而那些昨天的胜利者已经在这时为创新耗费了大量资源。"节奏的意义，不仅能让人在对手失去平衡时发起反击，也能让人把未发起的攻势中的力量也加入反击。"③ 反击可以将两方不断增多的手段加以组合与扩展，服务于后手一方的目的，让他利用一个市场里已经稳定的增长来扩张自己的份额。但这需要我们掌控时机和站位，在这个环境中，我们面临的风险大于各种"先手"技巧，因为其中需要考虑对手的实际行动，而"先手压制"是在对手未动之前发起突袭。"后

---

① 西田几多郎：《善的研究》（*An Inquiry into the Good*），耶鲁大学出版社，1990年。
② 我们可以将这种策略联系到西非播棋（awélé），一种非洲棋类游戏，其中较为可取的玩法是，不发起先手，等到对手处于不利情况时再行动。
③ 纳德莱：前引。

第一部分　钥匙

发制人"需要的是掌控双方意志的互动，它的模式是包容的，发起并串联双方彼此的动作与能力。智力在其中是不可缺少的，但不是万能的。

最后，日本代表性的"反压先手"技法，以先手压制对方的先手，在面临极大危险的同时也能制造极大的优势。它是在对手本身的运动中插入一个动作，打乱他的节奏。它同时综合了迅捷的本能、预判和运动，形成一种没有漏洞的决定。宫本武藏提出："在危机时刻，要用意志去挺过关键的波峰。只要波峰过了，我们就能让对手露出破绽，我们转而采取主动，就能取得很大程度上的胜利。"这道波峰可以是对手的刀刃，我们主动迎它而上，但要抢先半拍，赶在他拔刀或者挥刀的时候。矛盾的是，我们的对手越是老练，这种战术就越可能成功，不过这需要我们有相当的信心、准备与灵敏。

举刀可以比作吸气，落刀可以比作呼气，而对手能力越强，它们就越加短暂和集中。在拔刀与挥刀的中途，有一个过渡性的瞬间，这时刀的轨迹已经完全确定，不会改变。对此的预判，就是"取胜之道"，也就是找到转瞬即逝的动作余地。① 它让我们将运动贴合这个精确的瞬间，占据其中的中心，从而驾驭其中的能量，如合气道中的投技或固定技。面对敌手，就意味着"融入他的攻势，用比他更集中也就是更准确、更迅速的一种技法，在他之前形成打击"。② 这里的行动能力，要基于一种比"后手压制"更短的节奏，因为后者需要延长对手的运动。

"反压先手"在日本工业中的体现，就是人们有意去不计代价地超越竞争对手，向市场越来越快地投入新产品，例如汽车行业；然而，

---

① 笔者在 2000 年著作中对此作了展开。
② 纳德莱：前引。

第一章 "武道"与直觉知识

毫无节制地利用反压先手,将会反而失去中心位置,让自身不加反省地完全陷入其中,失去保存自我的理性。① 一旦人们失去了方向和整体的视野,那种极端的动员或狂热状态就不会产生实际结果,而行动能力的高超就会违背政治智慧,因为后者本来是基于长期考虑而采用战略。在拿破仑连战告捷达到荣耀顶峰时,塔列朗②曾对他说:"陛下,我们可以用刺刀做任何事,唯独不能坐在上面。"然而这种模式要发挥出色,必须有充分的情报、理智的判断、贯彻的领导,并且与全局的战略构图保持一致。"反压先手"是有日本特色的,因为它代表着一种方式,利用节奏,面对材料、拥挤、数字与物质世界而创造空间。

在20世纪80年代,日本的科技全球化(techno-globalisme)概念代表着一种"反压先手"的观念,但停留在战略上,没有涉及战术。日本当时面临的压力,一方面是西方要求它开放市场,另一方面是要在国际层面上担负起经济大国的财政责任。它受到西方的国家与科技之力的威胁,即将失去科研、技术与商业交流机会,并可能因此让经济一蹶不振。但日本公开发表声明,它将借助一项国际交流计划,发起科技全球化并以此援助贫困国家的经济发展,治理污染灾害并且推动生态科技的发展,于是让西方列国一时举手无措,陷入两难抉择中。③ 日本政府按照通商产业省④的提议,对"人类前沿科学计划"(Frontière Humaine)、"未来工厂"(Usine du Futur)等项目投入大量

---

① 例如日本曾在短暂的亚洲侵略战争中失控,也在发动珍珠港奇袭后最终战败。
② 塔列朗(Talleyrand,1754—1838),法国政治家与外交家,曾任拿破仑手下的外交官。——译者
③ 这种战略由谢尔门(Sherman)将军在美国内战中形成范例。它让敌人面临两种选择,但哪一种都对其不利,从而削弱它的选择自由度。
④ 通商产业省(MITI),现称"经济产业省"(METI),这个部门在当时的角色可以比作一个"大名",参与规划日本的战略发展方向,例如它定期发表十年展望,为"日本家族有限公司"(即日系企业)指定前进方向。

第一部分　钥匙

资金，从而助力国际科技研究在这些领域中开展。

西方面对这种动向，可以"选择"将科研能力献给日本所指定的这些崇高目的，或在众多发展中国家的面前暴露自己的虚伪，让自己的行动与慷慨大方的宣言相冲突。① 反过来说，假如日本没有经过思索就做出"反压先手"的行动，就会导致惨败甚至自杀式的结果，就像上次世界战争中日本的迅速军事扩张一样。如果不考虑"政治"上的克制原则并确保战果的长期有效，这种行动的效用就是相反的，会撞上敌人的枪口。当时的日本，越是追求更多战术上的胜利，就让自己的战略处境更加危险。这也让我们想到卢特瓦克在《战略的矛盾》② 中所写的，在这种情况下，追求"更好"往往导致结果还不如"良好"。

时刻审视平静的表象

在三岛由纪夫看来，"唯有不可见的东西才是日本的"，但是这不是说可见的东西并不重要，这个矛盾并不难理解。这其实代表着一种感知，它既认同万象的幕墙之后的佛教的"无常"（impermanence），也极其注重各种形式、礼节与仪式。在日本人们常说，攀登富士山有许多条路，而所有的路都通向同一个顶点。因此在这个岛国，人们乐于接受几千个神明的存在。人们各有不同，所以每个人都可以找到适合自己的路，③ 同时不以那种为专一真理而斗争的名义去把它强加给别人。这岂不是自由的一种形式？

---

① 笔者在 1994 年曾与穆瓦内（Moinet）撰文分析这种战略，并以合气道的"入身投"（入り身投げ）技法为例，见"当网络成为战略：以日本的科技全球主义为例"（Quand le réseau est stratégie : le cas du technoglobalisme japonais），《交易评论》（Échanges），法国经济管理学院出版。

② E. 卢特瓦克（E. Luttwak）：《战略的矛盾》（Le Paradoxe de la stratégie），奥迪勒·雅各布出版社，巴黎，1989 年。

③ 笔者与日本知识管理学会（Knowledge Management Society of Japan）理事长森田松太郎（Morita）的访谈。

第一章 "武道"与直觉知识

安德烈·马尔罗在《西方的诱惑》（*La Tentation de l'Occident*）中，借通信者"凌"（Ling）的名义写道："你误解了你的行动……你还完全没有理解的是，为了去存在，并不需要去行动，而世界对你的转化要远多于你对它的转化。"与人共存，不去排除明显的差异，这样做并不造成问题，因为从根本上说，一切都取决于时机和环境。日本人可以为了格调在西式教堂结婚，然后在敬奉神道的日本神社里再办一次仪式，也会按照佛教礼仪举行葬礼，这些都不导致信仰的混淆。

"在日本，遵照欧洲的思想系统就会导致一切不可理解，所以我们必须从另一端去看待事物。"[1] 而对于日本武士而言，他们最注意去感受的事物，发生在各种形式、动作、空间布局之后，是改变过程中的动态变化。在日本，人们陶醉于细致观赏秋天各种色调的渐变和整体演化。人们也喜爱相聚成群，带上啤酒和清酒，庆祝春天樱花的绽放，看它们突然在一息之间毫不节制地倾泻大自然的力量以告别冬天。这种对形式和外表的极致关注，显示出一种永恒性，同时并不轻视这些临时的表现，因为两者无法独自成立。在东京街头，最传统的和服毫无冲突地与最时髦、最新款的现代衣着共存。

日本人通过不断的变动，保持着原初本质，居于火山边上，爱好各种享乐，在我们所见的矛盾中感受着事物的本质。毕竟，一切都在一段运动中，这里的关键只有"气"，它是一种能量，总在流通与转化。日本的武士与企业懂得它，所以不会担心未来，因为未来就是现在。"在这个无限延展的宇宙里，没有一物能够脱离'气'（宇宙能量）的原则。什么能够先于气而存在？又有什么能够在气之后而存在？因此气与存在是依靠彼此而同时成立。'空无'与'真实'也是依靠彼此同时成立。这其中没有开端，也没有尽头。"[2]

---

[1] 中川九定：前引。
[2] 三浦梅园（Baïden Miura）：《赘语》（*Propos inutiles*），引用于中川九定：前引。

第一部分　钥匙

教授先生①

　　一位墨西哥国籍的高加索女士，在日本一所大学的大型阶梯教室里开始讲授她的第一堂课。她被聘为客座教授，来这里教授西班牙文化与这门塞万提斯的语言。

　　正如她所料，这里的学生们非常认真，用心记着笔记，没有人发出噪音或是扰乱课堂秩序。这堂课讲完时，她为了确认课程进展顺利，并且没有引起太多理解困难，便请学生们向她提问。

　　阶梯教室里马上发生一阵波动！他们怎么敢向这位"先生"、这位来自远方并参与国际与官方资助项目的老师提问，又不损害她的面子？他们感觉，是他们这些被教的人、享受学习特权的人，才应该靠自己去理解！

---

① 原题为"Sensei"，即日语的"先生"，是对老师或地位尊贵者的尊称。——译者

第二章 "场"与协作知识

場

"场"是我们的世界，我们依赖自我意识在其中生存着。①

——西田几多郎

物理空间对于我并不重要。我感兴趣的是作为"场"的空间。通过某些事物，通过我的介入，场就成为一个开放的空间。场不仅是空间，也不仅是对象。场是一种时空。它近于"间隔"的概念（日语的"間"），它是在感知者与它的关系中建立的。

——李禹焕②

在法语中……人称展开在一种牛顿空间里，这就是绝对与空无的空间。各种主体因此有了一种抽象概念，超越任何情境……相反在日语中，身份的存在要基于这种事实，即空间不过是把各个人称分成微妙层次的社会网络。

——中川久定（Hisayasu Nakagawa）

---

① "场"是我们的世界，我们依赖自我意识在其中生存着。
② 李禹焕（Lee Ufan）：《一种关于相遇的艺术》（*Un art de la rencontre*），南方文献出版社，巴黎，2000年。（李禹焕［1936—］，韩国艺术家，拥有一定国际知名度。——译者）

第一部分　钥匙

处于运动的共有空间①

"场"这个概念，由野中郁次郎与绀野登②两人引入管理术语，在日本的知识创造之道中发挥着根本性的作用。它尽管在"知识管理"（KM）③的专业研究群体中基本成为了普遍的参考，但仍难以理解，因为它源自一片不同的土壤，我们的笛卡尔式的传统办法在这里难有收获，因为我们的方法排斥第三方，依靠"清晰与分明"的定义，指定每个人的角色与职能，不考虑实际环境的差异。"场"，是一个所谓"汉字"④的表意文字，左半部分"土"具体指"土地"，即一种肥沃或贫瘠的表面或空间，而右半部分"易"则可以联系到"预知"的概念，⑤ 但它并不等于一神教信仰中的预知，不意味着未来已经注定并且不可改变、无关于人们当前的意志与行动。在"阴"与"阳"的哲学中，真实处于恒久的变动，⑥ 表现为"一系列事件，它们的流动没有止境"。⑦ 当人求助于《易经》⑧ 时，它给出一幅静态画像，其中充满能量，并认为一个情况中逻辑性地含有自身结果，只要并且只有人不做什么去改变事情进程。事态的发展是可以预见的，也是可以顺应人的决策与行动而改变的。这里的预知，并非指出一种确定的、从本体论意义上独立并割裂于当前的未来。

依据野中郁次郎所建立的知识创造的模式，"场"这个汉字联合

---

① 源自野中郁次郎所说："处于运动的共有空间、环境与意义"（a shared space, context and meaning in motion）。
② 绀野登（Noboru Konno），知识管理学者。
③ "知识管理"（英语 Knowledge Management 或法语 gestion du savoir）的缩写。
④ 日本的汉字源于中国，是日本人所用的最为"概念化"的表意文字。
⑤ 作者似乎将"场"字中代表"阳"的右边部首"昜"误认作"易"字。——译者
⑥ 见《易经》，中国文化的伟大经典。
⑦ 《易经》的作用是占卜。
⑧ 西田几多郎：前引。

了两者：（左半边所指的）一种环境中的特定的可能性，以及（右半边所指的）一种动力、一种运动。野中认为，"这个处于运动的共有空间"达到良性的条件是，其中的人际关系可以产生一种有利的能量，以此为源头形成各种活跃的、创造性的互动。这样它就能成为一种环境，让人们在为它付出时感受到一种积极性的转变过程。一个"场"不能概括为一个场所或一张确定的关系网，它也构建一段"时刻"，这段时间形成一个过程，产生并改造意义。而在西田几多郎的哲学思想中，"场"是指一个物理空间，其中栖居着一种隐藏的、有生的力量。它拥有记忆，因此可以形成一系列的人际关系，并将这种关系联系的这个共有时空的特定氛围。

"场"是一种共有的意识

一个"场"展现为一种集体的意识，由参与一个共同体的内外互动的诸个体形成。西田几多郎认为，"真实"并不存在于意识之外。"我们在讨论时间、空间和物理作用力的性质时，我们所建立的概念仅仅是为了组织并解释各种事实。"野中郁次郎把"场"定义为"形成各种关系的共有空间……它可以是物理的（办公室或各种分散化的工作空间），心理的（各种共有的经验、各种观念、各种理想），也可以是两者的组合。'场'之所以不同于各种通常的人际关系，就在于'知识创造'的概念。'场'提供一个平台，它从一个超越性的角度，整合信息……它是一个孕育意义的环境。"[①] 在一个项目中，人们交换数据、信息与意见，形成流动与合作，以此应对未知情况与必然需求，这就把"场"带入了企业里，或是更广意义上的组织机构中。这个不断处于生成变化的空间，可以利用对人际空间、间隔、创造性张力的

---

① 野中郁次郎，1998年。

第一部分 钥匙

调整。

"场"带来的是某种有待决定的情况，它已经定向但仍保持开放，凭借人们寻求知识的意向，形成群体的沟通。"场"并不发号施令或者强加于人，因为它寻求人们的主动加入。它的构建基础，不是传统金字塔型管理模式中的"指挥与监督"（command and control），而是在一个人们保持注意力与互相尊重的氛围中实行"赋能与激励"（energize and stimulate）。① 从根本上讲，"场"是主观并基于人际关系的。当一种共同利益出现时，人们投入"场"中，这时的人际关系不构成互相对峙，只专注于知识的创造。而且我们知道，日本的知识管理方法，不同于那种利用信息存储与信息科技（IT导向）的方法。

野中所认为的知识创造，相反于笛卡尔坚持"认知"具有绝对性质的观念，它是相对的，因为它取决于不同环境下的具体条件、各方参与者、各种所求的目的。因此，我们可以认为它是实践性的，甚至是战略性的。而"场"表现为一种共同开拓知识边界的努力，让沉默的、不可见的、未被形成的认识，对一个共同体转变为明显的、有形的、可用的认识。这就像在一个熔金炉（athanor）② 中，某些微弱的信号在耀眼的火光中转变并产生反应。"场"作为方向已定的空间，没有边界与限制，直到完成它的计划。③ 它活跃在人际交流中，可以根据各个参与者的情况而调整，并激活各个参与者。它呈现一个让人存在的空间，让个体基于一种物质性的体验超越自我，运用自己各种能力去调整与他人及环境的关系。各个团队的"场"的组成者，也形

---

① 木川田一容（Kazue Kikawada），"知识动力先机"咨询部（Knowledge Dynamic Initiative，简称KDI），见本书第二部。
② 中世纪的炼金炉。
③ 几个尤其有力的例子可见于"传媒观察社"广告公司、卫材制药、花王公司，见本书第二部。

成了整个组织的"场"。不仅如此,一个企业与其消费者与用户的互动,也形成一个整体性的"场",它的构造取决于一个项目的动能,让每个人在其中重新自我定位,并且在博弈理论的意义上,去参与一场各方得益的博弈。

"场"中的协调,来自于内部人员为知识生产而做的有机互动,而且这种协调不会导致人们机械式地围绕核心,或者服从核心化的指挥。野中郁次郎指出,每个人主动的参与构成了一种"更高的自我"。各个个体的自我组织提升了参与度,向空间中带来一种有利于生产的混沌状态,而它在性质上不同于混乱无序,因为它根本性地有助于集体的生存。在野中看来,学习如何遗忘、自信地去实验、提出并组合各种假设,这些做法就能发挥"良性的场"的作用。"场"禁止了内部的自私倾向,形成一种利他主义的氛围,让人们通过即兴发挥,形成发现,共享潜在的知识。而知识并不是外在的,不是这些个体在自身之外才能取得,不是靠组织去交给这些个体,而是这些个体从自身取得。这种知识管理的方法,首先是在人力资源管理中建立,又被日本的管理者们用来创造条件,形成每个人的主动参与。

"场"的实践有多种多样的实现方式。例如商店巡视员可以察觉各种"弱信号",就其所反映的客户行为,将这些信号系统化、相对化、充实化,与各种可见与可用的信息与知识相结合,从而对市场、购买趋势和未来计划形成可供参考的假设。而我们可以用来理解"场"的关键词,就是"和谐"。和谐的表现就是不带先入之见,以备共享,对一个环境在某一时刻所发生的一切(不论显现或潜藏、明显或潜在)予以面对、保持敏感。这种和谐,绝不是一种稳定和静止的状态,为了维持和谐,个体就要运用全部能力,并且保持警觉,从而

第一部分　钥匙

有足够的速度或在瞬间形成感知。如同在武道上，如果我们坚持知性的处理过程，就会过于迟缓、过于贫乏，在开展时也会太过审慎从而不利于实践，而"场"就是一种资源，让保持警觉的观察者和参与者①去采取形势所需的那些行动，例如去调整供给、节奏、呈现方式……"场"带有"不明确的指向"，可以让多个个体不顾虑损失颜面，通过自信的参与，给集体带来各种新的知识。一个"场"内部的各种关系始终在生成变化，并不是先前规定的、固定不变的，而是流动且开放的。

"这是基本的，我亲爱的华生！"

人有着对弱信号的敏锐觉察，也有理性与冷静的推理，而两者之间存在差异和互补，关于这一点，绀野登举例提到福尔摩斯与华生这对搭档在探案过程中所形成的"场"。② 福尔摩斯暗中运用探查技术，不加先入之见地去感受，而华生则依靠明显的知识。夏洛克·福尔摩斯凭借敏感性与洞察力，捕捉并处理某些弱信号，加以组合，导出意义，因为他有创造力，并且采用归纳，完全不像搭档华生医生那样只会推导。因此，华生总是最后发现真相，再把故事合乎理性地讲出来，而福尔摩斯只是对他说："这是基本的，我亲爱的华生！"③ 然而这两种不同的行为方式并不是对立的，而是互补的，因为华生的预想和知识，指导着福尔摩斯的感知方向，甚至引导后者的警觉去确定某些相关的信号。这两种互补的知识形式之间，并不是断裂的、互不相关的。

---

① "保持警觉的观察者和参与者"不仅指日本武士，也可以指茶道仪式的参与者，其中，人在"此时此地"的完全存在表现出人和宇宙的和谐。
② 笔者2002年2月对其所作的采访。
③ 自"福尔摩斯"衍生作品流传而来的一句经典对白，是福尔摩斯对华生的自谦之语。——译者

第二章 "场"与协作知识

华生不过是充当一个后知后觉的笨角色,而福尔摩斯则是那个凭借直觉把握证据而解谜的聪明人。

华生医生的认识与理解,构成了背景,预先提供了各种明显和可用的技术与知识,让人可以用创造性的方式,推断出一种潜在并且有待塑造的认识,在观察中找到蹊跷的地方,并用坚定的意志去让真相浮出水面。在每次探案中,福尔摩斯与华生这对搭档创造了一种真正的"知识的战略共同体",让扑朔迷离的案情走向解决。他们为此询问那些可能与案情有关的参与者,跟踪一切可用的线索,逐步走向共同的目的,一起完成探案任务。两人组成的这个"共同体"有着"战略性的"方向,可以在眼前的未来生产"知识",以此代替未知并解决谜案。知识的战略共同体依照"场"的运作方式,它的作用就是阐明现在与未来,而我们正是借用这个说法,对"场"的概念在西方语言中加以阐述。

绀野登为了说明"场"的哲学意义,举例提到日本导演黑泽明(Akiro Kurosawa)的影片《德尔苏·乌扎拉》(*Derzou Ouzala*),它的主人公是一个独自生活在中西伯利亚地区深处的猎人。德尔苏凭借对环境中的弱信号的觉察,并通过与各种状况与处境保持和谐,得以与大自然的"大型项目"融为一体,以致忘记了自身的存在、从不脱离整体。西田几多郎认为:"主体与客体并非分别存在,因为它们是同一个特有现实的两个侧面。"德尔苏·乌扎拉与自然的结合,正是基于一种有生的关系。德尔苏可以与环境交流,因为环境只是一种时刻、众多形态之中的一种,而他与环境并不可分,并不是一个自律的、独立的、自足的实体。他如果面临死亡,就会保持现状,与环境的各种条件的制约保持一致而死去。反而言之,他只要还剩一丁点儿能量,就能保持活跃,与他所参与的周边环境没有分别。

第一部分　钥匙

　　"久经考验的武士不会去想胜利或者失败，他像一个狂人一样乐于搏斗直至死亡"，① 但这并不意味着他会与自然作对。德尔苏·乌扎拉不会去强行引发事件，他的出发点是一体化的生命，并且从一种关系中，从一个总体性和变动性的空间（场）中的作用与反作用两方面，去寻找最佳的方案。宫本武藏写道："我们要让精神像水一样，根据容器而变换形式。"德尔苏·乌扎拉在行走的时候，感受着大地的反应并与其对话，他不会陷入泥沼，因为大地是他动作的一部分，两者是互立互补的统一体。② 这种行为，基于环境与关系，立足于人所属的共同体。德尔苏·乌扎拉从来不是一个人，从不脱离世界，他可以根据特定情况做出适于外界的行动。自然的动力，也是一个整体性的"场"所运用并依赖的能量，让这个"场"立足于当前的意识，找到过去与眼前的未来的接点。这不是因为它有意如此，而是因为它与自然构成了一个共同体。我们怎能不去想象如何将这种原则用于各种经济活动呢？

　　一个类似情况可见于韩国导演林权泽（Im Kwon-Taek）的《醉画仙》（*Ivre de femmes et de peinture*）③，它讲述了画家"吾园"（张承业 [Jang Seung-Up]）一生的各段经历，其中也涉及了超形式的存在与个别存在之间的密切联系。在影片的各个场景中，画家吾园沉浸于各种形式中活跃的能量：河水的流动、树叶的晃动、一个鸟群、一片厚厚白雪下的风景……直到最后，他决意抹去自身，投入了一个陶瓷匠正在烧制作品的火炉中。他的艺术与自然的作用之间完全没有差异。他在艺术创造中的成就，体现为他的作品伴随或表述了各种转化中的

---

① 三岛由纪夫：前引。
② 绀野登以这个例子来比照一个企业与其市场的关系。
③ 电影原名是"Chihwaseon"，发行于 2001 年。

流动。① 换句话说，他正是因为可以与这些转化产生共鸣，才能在自己的艺术创造中将它们作为回响而透明地呈现。

对于这个画家，酒与对爱情的狂热追求，就是他走出个体性限制的途径，让他保持开放，所以能展开一种觉察与意识（更高的自我），与那更高的现实达成密切的交流。他的创造性，在于他有能力与所处的环境融为一体，与其中潜在的各种动力产生互动。吾园对自然的各种能量保持敞开，以此唤醒他自身中与自然同有的某些形态，再将这些转达在画布上。这就是他的创作的本质，这样一来，画家不再依据自己单独的意志，而作为积极的参与者与环境保持一致。他不是强行表述自己所见，而是透明地呈现自然所产生的结果，就像之前所说的池中鲤鱼一样。

构筑一个共同目的

企业要与市场保持步调一致，不能与它脱离，也不能自认为外在于它，这样才能满足它的需求。反过来说，企业在远离市场的时候，就不能得益于来自市场的刺激与情报，它调整关系的能力就落后一步。如果套用毛泽东的话，② 这就是"一条腿走路"，并且把企业的可用手段完全置入一种主体与客体、子弹与标靶的关系，无视我们此前强调的整体性与参与性的角度。与此相反，我们如果不去建立边界，而是形成一个"场"，就能保持变通与导向，将各种信号转作信息，再变作"场"这个共同的熔金炉所产生的知识。③

---

① 此处可见《易经》的影响。
② 他借用了孙子兵法中双管齐下的理论，见笔者前引专著。
③ 各种数据具有客观性与可测量的特点：它们如果经由人的意图受到过滤，就转为信息，然而只有人在环境中的经验才能将此转为知识（知识"co-naissance"原意是"共同产生"）。关于数据、信息、知识的不同性质，参见 T. 达文波特（T. Davenport）和 L. 普鲁萨克（L. Prusak）：《信息生态学》（*Information Ecology*），牛津大学出版社，1997年。

第一部分　钥匙

参与者的姿态与举措，其性质在很大程度上是对环境的"反作用"。我们在创造某个事物的时候，将精力投入自身的存在，也去意识到这种关注所忽略的因素。因此，我们不但要保持特定方向的警觉、精确的理性分析与充分的数据，此外还要对空间不设界限，保持敏锐，从而不受限制地去感知各种可能性。"产生一个想法，就是已经做了一种选择，有了一个立场，因此让一部分现实藏到了暗处，于是形成一种片面而偏颇的思想……智者没有规矩，没有原则，他随时准备根据不同时刻形成一种或另一种。他有一种能力，可以随机应变，在恰当的时机满足情况的要求。"① 绀野登认为，人在下棋时也是如此，沉浸于其中的思考，直至看不到另一个世界。"环境的不利因素只在于你自身的不利因素，因为你是环境的一部分。"② 而如果我们采取一种有准备的、开放的、不加先入之见的态度，这种立场就能创造各种条件，产生丰富的感受。

各种变化所构成的循环没有尽头，所以我们不可能停下时间，正如我们不能用手截停河水。同理，对于信息而言，它的战略价值在那产生变化的流动之中，不在静止的储备中。"你如果将它（信息）妥善保管，就会危害自身，就像癌症的扩散。我们不能为了守护信息而导致自杀。"③ 我们不必保留信息，或者阻止它的流通与交换，那样做反而会在客观上限制自己的感知。禅宗的谚语说："不空之杯不能容水。"交流正是给信息注入活力，而信息的弱化正是因为它没有进入流通。"场"带来了一种截然不同的观念，让知识的创造不再脱离实际、脱离环境、保持自律、脱离人际互动而只基于个体。它形成

---

① 汉学家弗朗索瓦·于连（François Julien）关于孔子的访谈，《人文科学》评论（*Sciences Humaines*），第125期，2002年3月。
② 与笔者的访谈。
③ 同上。

第二章 "场"与协作知识

一个动态的交流过程,超越了个体与企业的限制,并实现为一个平台,让人们用同一种语言服务于共同的目标,从而形成有组织的合作。

这个共有空间,形成在一条有用知识的边界上,而它的运作基础不仅是人力资源,也是各种信息科技与深化、优化的交流。"场"是流动的,没有界限,随着参与者而调整,不会特别地束缚于一个组织的历史或各种空间形式,因为它的主导概念是"项目"(projet)。"在信息社会这种组织形式中,信息的创造、处理与传递,成为了生产力与知识的源头。我们将各种信息与通讯科技,用于创造、处理与传递信息,形成累积型的反馈回路。"[1]

各种知识的战略共同体可以比作一类环境,它在生物与地理意义上是一个整体,吸收不同的对象与存在,让它们参与一种高于它们的共同理性。这种运作模式,可以减弱甚至消除一个组织在物质上的限制,为各种协作项目引入其他的参与者、技能与信息源的协同作用,形成一条实践性的知识创造的边界。对于一个组织机构而言,这种动态的吸收能力,就是在知识社会这个"不可预知并且竞争激烈的世界"[2] 里保持战略灵活性的必要条件。[3] 如此,"场"就能凭借时间维度与节奏,超越空间运作,因为后者在流动性和处理两方面表现缓慢,并且在调动内部可用资源时受到限制。我们一旦划分空间,让空间失去互相沟通,就会封闭这些空间,让它们只能用于一项专门的管理:

---

[1] M. 卡斯特尔斯(M. Castells):《网络中的社会》(*La Société en réseau*),法亚尔出版社,巴黎,1998年。

[2] J. 博伊德(J. Boyd),载于大卫·费达克(David Fadok):《空军打击下的战略僵化》(*La Paralysie stratégique par la puissance aérienne*),经济出版社,巴黎,1998年。

[3] 从定义上,实践与战略的灵活性(agilité)的反面就是僵化(paralysie),即在面临威胁与突然到来的机会时不能迅速并且创造性地去调整。灵活性源于对各种手段的调节,优化其应用,服务于知识创造。

第一部分　钥匙

研究、市场开发、库存管理、服务等等，不利于整体任务，而这种整体任务，才能产生意义并培养一种创造性的交流活动，对社会与公民都具有意义。

这种共同体的原则，所涉及的范围超过一个组织，它可以在一个保持好奇的氛围中集聚能量，而这种氛围给人以知识的张力。这样的共同体是有战略意义的，因为它的基础是一个项目，一个更高的整体性目的。战略的各种核心原则，[1] 例如寻求行动的自由、[2] 以经济性的原则[3]优化可用的手段，在此也完全适用。我们如此获得的操作空间，可以用于局部，也可以在参与者的协作中用于全局。根据曼努埃尔·卡斯特尔斯的论证，[4] 在开放的信息社会中，信息同时是原料、催化剂与最终产品，而"场"这个日本概念的优势就在于，它指出了某些关于组织和关系的人际条件，将信息与通讯科技积极纳入这个框架。

企业的"道场"

"场"这个概念的实际应用超出企业范围，因为它将企业联通于市场、消费者、分包商乃至竞争者，让企业按照一种逻辑，共同面对问题，以求创造知识，提供解决方案。[5] 花王公司的创始人曾经违背常理地声称，这家企业的真正目的并不是创造利润、提高市场份额抑或消灭竞争对手，而是创造知识，从而提供新的产品与服务，为消费

---

[1]　笔者：前引，2000年著。
[2]　博弗尔认为，这意味着自身能够不顾敌人、按照自己的愿望去行动；而笔者2000年著作认为，这是相对于他人的力量与限制性力量的一种独立。
[3]　这意味着用最小的花费，从资源中得到最大的收获，由此扩大自身的活动空间。它涉及如何"优化"各种手段。
[4]　卡斯特尔斯：前引。
[5]　这种战略可见于许多企业，尤其是"传媒观察"出版公司、花王公司、朝日啤酒等。

第二章 "场"与协作知识

者带去幸福和满足。① 这是一种伪善,还是有些道理?一家企业如果致力于迅速并有效地创造实践性的知识,以此去尽可能实现优化或生产,它就能面对所有竞争对手而占据极大的战略优势。这就是说,消费者的幸福感与满意度,作为企业的目的,也伴随着更高的利润、更多的市场份额以及更大的竞争优势。企业在将知识创造作为最终目的而实现的同时,也产生了经济效益。在花王公司创始人这番话背后,我们可以体会到,日本的企业不仅服从经济的必然性与制造利润,也形成了一种"道",② 即完善之道。而市场对企业造成的损失,就是向失误的武士劈来的刀刃,因为他脱离了与环境的和谐,未能解读或适应环境。

企业在自身与外部合伙人,也包括消费者之间创造"场",就有助于生成一种知识,从而了解自身产品与服务的应用环境,也了解市场的实际需求。这种协作性的运动,结合了关于互动的哲学与科技,让组织机构的边界保持开放。为了更近、更快、更直接地接触环境,我们需要在知识创造中采用战略组合(composition statégique)。③ 这种方法的出发点,是问题所产生的源头和需求发生地的各种状况,也就是市场中的"阴"④ 性事物。这个环境里便有一种"道",即完善之道,它让我们不会滞后于现实与市场的进化,得到成功的保证,确立公正的态度。"场"可以成为企业的"道场",让它研习这种道路,建立一种新的联盟,将知识创造作为目的,由此取得经济效益。

---

① 法日工业科技学会(Société Franco-Japonaise des Technologies Industrielles):《日本的知识之道》(*Les Chemins du savoir au Japon*),巴黎,2000年。法国驻日本大使馆科技处所组织的首次"知识管理"宣讲会。
② 中川久定认为:"道带来绝对的觉醒。"
③ 可以理解为,它是为了一个整体性的项目衔接起各个参与者的战略,从而让各个参与者在追求自身目的的同时也有助于整体性的项目。
④ 指未呈现、未形成、仍处于累积与生成阶段。

第一部分　钥匙

全球化没有限界，而以知识为目的的各种信息互动也是如此。对内部而言，"场"有助于一个组织机构内部的各种服务与各部门之间的互通，而对其外部也是如此。企业可以与不同的合作伙伴甚至是竞争对手形成不同的场，以贡献于企业之"道"。在古代的日本，各门武术的宗师时常互相切磋，演示自己的技艺，让现实来做仲裁。信息社会产生了一种新的企业概念，让企业的各种组织模式影响到管理机关、地方政府、学校和大学……而日本出于缺乏空间和丰富自然资源的这个物质现实，在历史上一向重视自身的文化与人力资源，因此找到了可供再发展的"自然空间"。市场交易的全球化已经成为一种客观事实，知识的各种影响及其共享已经成为一种现实，各种"互动科技"已经能被所有人同样地利用，然而文化的维度才是让我们得到根本适应的源头，因为日本就是例证。

> **迷失新宿**
>
> 一个高加索人，为他生命中第一次来到这个岛国而兴奋。他在这里的发现让他多么快乐！他心想，日本人是这么的善良热情，总是乐于帮助外国人。
>
> 在东京，如果说哪个地铁站会让人迷路，那无疑是新宿站，这里有看不到尽头的通道、无数的旅客、复杂的结构和换乘路线，甚至许多日本人也会在这里迷路。这个高加索人走来走去，他迷路了！
>
> 他站在一个扶梯口，展开他的地图，站在这群飞快地走向自己方向的人群里，想找到自己身在何处。而只过了一会儿，他就见到有个当地人来帮助他。这个人不仅花时间跟他说清楚他在哪里、如何去他想去的地方，还陪他走到岔路口，确保他

> 走对了方向。他想道，啊，这些日本人可真是好心！
>
> 但这个高加索人不知道，并且那些日本人顾及他的面子也没有告诉他，他在扶梯口展开地图时，他整个人简直成了一个路障，毫不知道他妨碍了大家！为了恢复和谐与整个人流的通畅，才有一个人站出来终止这个棘手事件。

第三章 "型"与知识创造

型

　　除去极个别的情况，日本的宗教感受的表达就是完成各种仪式，而它们渗透在个人的社会生活中。

——中川久定

　　日本文化的一个特征，就是关注深意。相对于一神教的不留余地，多神教的一个特别之处就在于它用更深刻的方式对待事物，并且将一种技术尊为一门哲学。

——森田松太郎（Matsutaro Morita）[1]

---

[1] 日本知识管理学会理事长：《"气"在西方与日本的起源》(The Origin of Chi in the West and in Japan)，东京，2005年。

第三章 "型"与知识创造

常规何以创新？

在长久的历史中，岛国日本一直重视对信息做出探索和集体处理，从而丰富自身的各种知识，保证自身的发展。这种探索发生在明治时代的改革开端，日本引进并采纳了西方的各种先进模式，从而迅速实现了现代化，并在国际舞台上占据一席之地。这种做法，不能归为简单的复制，它源于"型"的传统。它也启发了野中郁次郎，让他提出"常规中的创新"（routines créatives），认为这有利于产生各种新知识。无论酿酒师、厨艺家的技艺，还是星期天代代木公园门口那些青年的乔装技艺，[①] 人们的模仿都能深入心理层面，领会一个名家、一种方法、一种技术中的深刻道理，并按照它的效果来转变自身。

应该会让很多人吃惊的是，"型"恰是通向本质之道。但人们往往相反地认为，它仅仅是伴随无意识和精神不集中而自动进行的一套作业。其实，它需要人的高度投入与极度精确，并非流于表面。维克多·雨果说："形式，就是把内里翻出了表面"；他把思路反转过来，认为人在关注和谨慎下实现的形式联系到内里。但我们提出"型"或"创新性的常规"可以用于知识创造，并不是顺理成章。在西方的看法中，常规就是一套排除人性的机械化作业，这种方式只是为了重复执行不可回避的任务，让人不去干预或者维持现状，它如何可以创新？

西方对"型"的认识，主要来自于各门武术。在空手道中，"型"是指一套动作和招式，已被极度地规范化，而学徒需要严格按照一套固定顺序模仿它们。通过这些技术规范中的精粹，日本的武道宗师总结出一种教育法，让学徒在道路（"道"）中靠自己快速而高效地前

[①] 有些年轻人，尤其是女性，经常在周日聚集在这个著名公园的入口处，穿戴奇特的衣装，并且对细节与特定角色还原度极其用心。

第一部分　钥匙

进，完善自我。从外部看上去，这种办法很是枯燥甚至荒谬，然而，其中含有一种学习过程，它仅仅以关键的简单动作为基础，除去了一切无关紧要的元素。"型"这种仪式，通过回归本质，正是朴素而严格的，在进步中走向本质。这种教育形式不需要言传，而是从"型"到"型"，从做出"型"的师父的生命之中，来到学徒的生命之中，让后者不加议论地严格仿照。在其他一些语境中，人们也用"型"指代一个人的风格、生存与行动的方式，形成一种总结，但不是一种简化。在日本，人在实行一套常规的时候，就是充分并且完全地投入其中。崇尚禅宗的佛教，深深影响了日本文化，尤其强调将这种专注用于日常生活中的所有活动。让人的手、心、精神不会因为其他的心思受到扰乱。人被要求在此时此地全神贯注，于是表现为极度投入地参与事物。

一个西方人如果初次来到日本，可能会不认可甚至嘲笑日本人将人际关系和工作方式极度仪式化，但他并不知道，唯有不可见的东西才是日本的，仪式的关键在于人内心的情绪反应，并且"型"源于一种更高的意识。[1] 日本这个国家，重视内在而不是超越。这里的人们认为，真理和知识并非源自外部的一种起因、源头或实体，也并不能通过言传来让人知道。一切源于个人，而他通过对自身的努力，寻求知识并拓展自己的意识。这关系到一种极为特殊的教育观念，它极其吝惜言语，将解释说明简化为沉默的示范。对于学徒而言，各种外部条件仅仅意味着机会和劝诫，绝不会向自己展示真理或带来启示。它们构成的是一种限制和剥夺，激发学徒从内心体会本质，而这种本质从定义上就是不可见的，只能被感到。在这种心态下，一种技巧，一种仪式，就是

---

[1] 以宗教的观点，我们可以把"型"联系到祈祷，因为它们都要求高度集中与全身心投入。

"道"之中使人进步的媒介,而这也定义了"型"的作用。

在各种"道"之中,例如空手道、居合道①和茶道中,师父通过"型"来传授自己的风格与领会知识的方法,摆出一系列造型、动作和姿态,让学徒不加变化地重复。随着练习,学徒就可以感到活动之中、技法之外的本质,并将它融会贯通。通过重复,学徒让身体受到训练,他的学习,靠的就是将自己连接到所属学派的永恒之"场"。这种行动中的感悟学习,需要人的精神保持沉默,排除各种分心的想法,完全地集中精神。学徒做出"型",就是在路上紧跟师父的脚步,不论他是否仍在世,而在这个过程中,过去和现在没有区别。"型"绝不是一种失去自我的贫乏和顺从,而是指向自由和效率。通过它,人的存在方式与人的技法紧密不分,而后者正是让人领悟前者的途径。

文化解压缩

我们在网上下载的软件,一定经过了压缩以便传输。而为了使用它,我们就要对它解压缩,展开各个组件,从而将它连接到电脑硬盘内安装的其他组件,完成各项指定任务。同理,我们也要如此看待其他文化里的某些形式与概念。既然一种日本的创新常规在西方被认为并不明智,那么我们就必须留意,在引入野中郁次郎的知识管理模式时要进行"文化解压缩"。在不同文化下的组织机构里,那默认的、未被表达的、关于人际关系的部分,相对于明确与合约性的部分各有特点,我们如果照搬类似的办法,就不会产生同样的结果,有时非但没有结果,甚至还会产生反作用。因此,本书正是先去思考日本的战略文化,再去探索它在各个组织中,以哪些个别的方式,设计并实施

---

① 居合道是追求极速的技艺,追求在转瞬之间拔刀出鞘,出刀或挡下敌人的致命攻击,随后回到"正座"姿势(屈膝而坐),如同什么都没有发生过。

第一部分　钥匙

知识创造的各种原则。

多文化之间的商业合作中，到处都是迎合人的假象，连"是"与"不是"这些简单的词都不能保持相同含义。在美国，"是"就是"是"，"不是"就是"不是"，完全不会含糊其辞，而在其他一些国家，它们就会有所改变，其意义取决于用在哪种语境里，用在具体场合的哪个环节中……日本人如果被要求马上回应，是否同意某个意见，他就会感觉不适，因为他不会轻易说"是"，除非个人或集体已经完全同意。在答复之前，他必须知道他有没有可能信守承诺，或者同时涉及的所有人是否都会同意。日语的"先行铺垫"就是指一个缓慢并逐步形成决策的过程，这种谨慎的做法，可以让每个人在咨询自己的人脉与信赖伙伴之后再表露自己是否赞同。而当团队整体，也就是其中的每个人都支持某个共同立场时，它马上就被实际采纳。决策需要长时间才能形成，但一经做出，它就不会产生掉队者，而它的执行也会在转瞬间完成。这个缓慢的先行过程可以给人们的敏感留出余地，不损伤任何人的颜面。因此我们可以理解，在这个岛国，不分时机地突然对人发问会造成相当大的困扰。

与日本相反，美国的历史并不悠久，它的构造基础是个体的、主动的、坚定的行动，明显的条约，各种事实、期限、关系的客观维度。在"山姆大叔"家里，"所见即所得"。人们不会提出多余的问题，也不会设计另一种可行方案以顾及他人的解读或尊重他人的习俗，或者，这样做只是因为人们并不想过早预计什么……在这里，人们依赖明显的解读，但很少在感受中去领会那些暗藏意义的、细微的、不明显的可能信号。[①] 但在日本，如果你认为你将得到的也会被你明明白白地看到，你可能要等上一阵，也可能等上很久。[②] 当人

[①] 尽管我们应该避免系统化地看待人们的某些成见，但它们经常反映了一部分真相。
[②] 不过也有反例：有的饭店会把饭菜做成模型摆在橱窗里！

第三章 "型"与知识创造

们习惯于做出明白的承诺,当"能指"(符号)与"所指"(语意)之间不存在距离,人们就不需要培养一种特别的感受,去解读这个场景并看透这些表象。反之,当另一些社会在人际关系和言语沟通中以默契为主,人们就必须注意觉察,才能理解暗含在文字里、婉转的句子里、沉默和仪式里的意义,因为那些复杂的细节并不是无心的。

在日本,过于明白的话会让人不适,因为这违背了一种讲究纤细感受的社会习惯,而这种习惯,可以给另一方留出时间,让他分析自己的位置,权衡各种事物,然后再来表态。谁如果做出太过明显的肯定或演示动作,就会被认为极为鲁莽、缺少教养。在日本,人们根本不用把话交代得一清二楚,因为讲出大致意思就足够让每个人领会,再多强调反而是对人不够尊重。但假如听到这些话的人没有领会,该怎么办?那样的话,或者是这种人不值得人们对他再说一遍,或者是在迫不得已的时候,人们就只能用最粗暴的方式让他听话,把话交代得一清二楚,而这时也不得不承担他可能做出的反应……因此在这个岛国,你如果要求详细说明,对方会先对你道歉,维护你的感受,让你知道你不靠他的说明也并非不能理解。这里的技艺与其强调表达,更需要暗示;这样,"场"就是良性的,流动就是和谐的,而人际关系中就没有任何阻碍。[1]

野中先生[2]之"型"

野中郁次郎对知识管理的一项重要贡献,就是用 SECI 模型描述了知识创造的运动。它始于个人潜在知识的共同化,然后经过知识的外现

---

[1] 这里的描述,关系到人们在日本如何用意志去交流并去理解人际关系中的逻辑。但我们不能对此过于系统化地滥用。我们更应该看到,这种个别的战略文化为人们的行为提供了一种背景、一张由各种指代、习惯、倾向组成的网。日本是一个现代国家,也是由众多个体组成,以年轻女性为代表的一些人越来越追求自由和自立,也会旅历世界各地而成长变化。

[2] 此处"先生"是日语对"老师"的尊称。——译者

57

第一部分　钥匙

化或形式化，知识与其他明确知识的组合，最后内在化，按这个逻辑不断循环下去。① 而为指出每一处转化的性质，野中郁次郎采用了"改变"（conversion）这个词，不过相对于这个源于英语的词，我们可以参考《易经》，② 使用"转化"（mutation）或"转型"（transformation）的说法。这个模型中，第一和第四阶段涉及的是潜在的、个人的、不明显和未形成的维度，而第二和第三阶段涉及的是明确的维度。第一类集合（一、四阶段）体现的是"阴"的涵义，"阴"是夜间的、女性的、萌发的、潜在的，而第二类集合（二、三阶段）的标志是"阳"，它是积极的、显现的、外化的。让我们惊奇的是，正是"阴"与"阳"的传统符号构成了 SECI 知识模型的基础。共同化的潜在知识（既成之"阴"），通过表达出来而转型为明确知识（初生之"阳"），在可见时与其他可用知识经过组合与组织（既成之"阳"），然后在个体中内在化（初生之"阴"）。

	潜在知识	潜在知识	
潜在知识	共同化	外观化	明确知识
潜在知识	内在化	组合化	明确知识
	明确知识	明确知识	

来源：野中郁次郎等 2002 年著

---

① 本书第二部将对此举出几个例子，尤其是卫材制药的案例。
② 即"变化之书"。

58

第三章 "型"与知识创造

在日本,这个 SECI 之"型"的创始人,不会像一般成年男女那样被称作野中"桑",而会被称作野中"先生"或老师。虽然日本的所有教师都能被称作"先生",但这个称呼还包含着更深刻的文化含义。野中郁次郎受邀发表讲座时,每次都会展示这个模型。这种重复可能会让某些西方人觉得,他的成绩已经属于过去,这个研究者虽然在他那个时代崭露头角,但从那时起并没有创造任何新东西。然而,笔者在对野中郁次郎进行采访时有过多次面对面的交流,并曾有机会跟他指导的博士研究生与几名受邀学者一同参加一些内部研讨会与工作会议,所以笔者可以见证,他的反思远远超越了这个基于潜在知识与明确知识之分的 SECI 模型。他的想象力、好奇心与知性创造力,远远超出了这个给他带来成功与声誉的模型。然而他在日本担负着"先生"的角色与职责,就要再三展示他所创的"型",忠于他所提出的这几个步骤。同样,一位武术、書道①、生花②、茶道的宗师,他的义务就是在众学徒面前反复演练自己的"型",让他们在一个又一个"型"中去感受,而这种模式中的仪式,就属于日本社会的传统功能。可以说,这个创始人所展示的 SECI 模型中带着他自己的遗传基因。③

知识的循环

"型"中的各个时刻不应该被严格地分别看待,它们处于一个序列中,含有彼此的开端。共同化(S)的展现,让明确知识的外现化

---

① 日本书法艺术。
② 日本插花艺术。
③ 本书后面还会提及这种"遗传基因"(ADN,即英语的 DNA),例如在索尼与本田两家公司的创始者的案例中。

第一部分　钥匙

(E) 产生萌芽，又将这种知识与其他现存知识组合化（C），然后在个体与集体实践当中内在化（I）。这个生产知识的过程，始于个人的感受与认识，尽管他尚未以明确的方式形成知识。正是因此，日本的知识创造的起点并不依赖数据整理与各种信息与通讯科技，而在于创造有利状况（场），让潜在知识的各种元素摆脱束缚，解除个人对它们的封闭，让这些个人感到信心，乐于自我表达。人们不用对知识创造发号施令，即使在条件允许和实践已建立、知识创造成为口号时也是这样。

在"共同化"阶段，潜在知识被发掘出个体暗含的矿藏。我们要容许它的模糊与不明朗，即"阴"的一面，因为它作为真正的源头，可以变成清晰、有型、可传递的知识，为此我们只需要尊重和维持这种转型所需的各种条件。这个非形式化的最初阶段，需要的是人际沟通中必备的一种察言观色的能力，因为人际沟通不是通过文字发生，它借助的是各种情绪、感受、节奏、意义，一种共有期待或对他人的真正关注。在人们存在的空间（场）中，"共同化"表现为一种物质层面的共享经验，它调动其中个体的各种能力。这个默契的第一阶段创造各种条件，以供形成各种知识，让它们"外现化"，也就是让它们存在于这种整体性、活动性的"间际"①，即人际关系中。潜在知识经过连接、凝聚和集中，就可以进入交流。这个创新性常规、这个"型"的这一阶段，可以利用比喻、类比和模型，而这些知识表现为流程的改善。虽然这些阶段并未形成根本

---

　① 这里的"人际联系"（intersubjectivité）和"间际"（in between）是武术中的概念。这种"间际"的各种特点与其变化决定了局势。所以说，"间际"是对时间和空间的一种组合，分开各个参与者，形成一种限制，让人在它之内保证安全。反之，如果"间际"被打破，人们就必须通过运动重新建立并保持一致与和谐。

第三章 "型"与知识创造

变化，但小型的革新积少成多有时也能推动重要的进步。[①] 接下来的时刻属于"组合化"，这是在随后的两个阶段中，对明确的、已知的知识和潜在的知识的贡献进行融合。一旦完成，人们就能综合这些信息，存入数据库，用于具体说明、报告、培训班……最后，新的明确知识成为属于每个个体与组织的共同财产，再度潜在化、整合化、内在化。

回顾这个"型"的四阶段，我们可以思考"场"在这几个时刻所发生的转变与表现。它依次表现为促进呈现的环境（共同化）、对话与形式化的空间（外现化）、促使丰富化的平台（组合化）以及人们的专注投入（内在化）。正如之前所述，这个"型"的图示以"阴""阳"的周期转化作为象征。内部的潜在知识（阴）通过逐步集中与外现化（阳），重新在个体当中内在化。"场"中有相当多的潜在要素，让人们共有各种情绪、经验、感受与心理图像（image mentale），以此将个体的各种能力与知识"共同化"。这里需要的是关注、热爱、信赖、责任，而这些也是野中郁次郎所用的词汇。这个位于个体之间的维度，形成了一个集体，让人们以有形或无形的方式共有某些实践活动、某些价值、一种文化、一种氛围。"场"提供了"外现化"的环境。通过各种互动科技[②]，"场"可以用于网络的虚拟维度，让人们的远程互动也能"组合"潜在知识与明确知识，进入知识的循环。[③] 最后，"场"也可以营建一个有助于知识"内在化"的环境，促使反思转化为行动。

---

① 见本书第二部武藏野公司的案例。
② 在知识创造的管理学语境中，本书多用"互动科技"的说法代替信息与通讯科技的概念。
③ 野中、提斯（Teece）2001年合著。

第一部分　钥匙

信息作为行动

　　由于中国的一种显著影响，即"更高的智力在于理解变化"，[①] 日本文化中理论与实践的分歧并不能以西方观点来看待。在这里，世界的秩序并非源于一种模式，[②] 它处于变化中，甚至本身作为变化而存在。我们如果感悟关于改变的教诲，[③] 与它结合，甚至驾驭并利用它，就能避免孤立行动，不用像造物主那样去宣布"要有光！"我们要站在事实一边，让事物的秩序显露出来，而不是强加某些人为的规则，那样有可能破坏秩序。在岛国日本，我们需要在体验中学习，因为我们的身体没有脱离精神，而且最能帮我们得到技能与知识。我们需要与变化的事物相一致，这明显不同于现代的西方的线性史观，后者认为未来处于可以预见的一种运动中。

　　在日本，信息就是行动，因为信息源于人际关系、知识的运动，或者说一种"道"，即一种行为中所包含的一个过程。我们如果对他人与环境保持倾听与感受，就能有所预期，不至于突然受到限制。人们通过觉察，关注着在各种事实、对象、存在之间的关联空间，因为这些空白处正是一种模型，预示着将要发生的事物，或更具体地说是将要发生的变化。中国和日本的传统绘画，都重在表现各种形式之间的关联空间。而在武术中，"间际"这个概念指出了两个对手之间所隔的时空。"间际"的性质也会根据每个人的技能以及他们所处的境况而产生不同。

[①] 雅克·格内特（Jacques Gernet）:《战略：三千年的生存计略》序言（préface à Stragagèmes. Trois millénaires de ruses pour vivre et survivre），哈罗·冯·森格（Harro von Senger），间际出版社，巴黎，1992年。

[②] 例如在主要的一神教信仰中，人们相信上帝用一个意志活动创造了世界。

[③] 于连：《功效论》（Traité de l'efficacité），格拉塞出版社，巴黎，1997年。

第三章　"型"与知识创造

以孙子的视角来看，兵法如水，它的形式完全等于它的容器。水永远在调整自身，在不同条件下可以保持液态，也可以结冰或者化作水蒸气，但始终保持同一种化学结构。与此同理，企业为求延续，也需要随情况而调整。我们可以把日本企业看作一股源流，它的源头就是开创者的基因编码，① 而它的延续要通过一个过程，在市场与各种可用科技的演变中积极寻求和谐。富士施乐公司声称"我们就是未来"，② 正是反映了这种与时俱进的心态。从此看来，已被验证、编制、实现与存档的信息，并不是最具战略意义的，因为它在停止运动时就会过期。它已获得形式，所以不能再提供信息。它所构成并充实过的明确知识固然可以被人使用和传授，但注定会随着时间而贫乏下去，因为一种信息的战略价值始终与它的扩散程度、确切程度、相关程度成反比。

在日本企业中，"阳"的原则可以见于企业的知识库，而"阴"的原则体现之处，举例来说，就是企业的内联网（intranet）。然而，处于生成变化的信息（阴）与已被揭示、展现、传递的信息（阳）始终在互相转变。两者互为依赖的这种关系，是知识创造过程中的关键，因为我们如果仅仅依靠已通过检验的固定不变的事物，就只能重复并强调所有人都知道的明显事实，不能靠此在竞争中取得成果。我们如果想要产生新的知识，就要重视无形式的、不确定的、不可能受到检验的事物。

以中层管理为枢纽

"我们必须形成知识、利用知识。知识就是灵魂，是必不可少的

---

① 这一点尤其反映在索尼与本田两家公司中。
② 见本书第二部关于富士施乐公司"知识动力先机"咨询部的章节。

第一部分　钥匙

即兴创作，就像爵士乐表演中的即兴乐段。"[1] 知识循环的"场"，可以比作一个完全在即兴演奏的爵士乐队。[2] 所有人都融入一种氛围（场），根据自己的身份（天性）与知识（技能），调用自己的感受和技能，参与音乐般的创造性演出。这些表演者所演奏的，是没有写出的乐谱，其中汇聚了他们各自的能量、诉求、创意和技能。人们的给予和接收，是互相交流的条件，意味着承认并接受每个人的本来面目。人们的分享和共有，基于共同努力以及对同一项目的参与，建立了行动的共同体（场）。这种形象不同于交响乐队，因为后者需要对人分配角色、划定界限、指定乐器，而且后者的乐谱，也是预先写好的，它的进行、各种时刻与各种组合都是明确并且分成层次的。

信息与知识等要素可以赢得时间，让人因时因地而估算所需的精力，根据不同场合而调整，只做适度的投入。知识的要素可以用于分配和回收资源，使其受到优化并符合经济考虑。而关于组织管理，金字塔型、分隔型的结构不利于人们做出反应，它的多个层次会延缓并扭曲信息，因为信息有时会牵涉内部权力竞争。有些人借用日本的口号"推平金字塔"[3] 提出了结构"水平化"（horizontalisation），并强调中层管理（management intermédiaire）的战略作用，这种管理是指对各个组织的运作形成连接。[4] 而如同围棋，一个区域是否强大，取决于它的各个构成元素之间的关系是何性质。"在企业内部，信息不应成为引起倾轧的要素"，[5] 所有内部人员都应该不受限制地获知信息，而一个组织机构的计划、文化、价值观也必须如此共享。而时间的收

---

[1] 野中郁次郎：2001 年著。
[2] 原文为法语"faisant le bœuf"，指自由地即兴发挥。
[3] 指缩减人际关系的层级数量。
[4] 见本书第二部分关于富士通公司的章节。
[5] 见本书第二部分关于花王公司的章节。

第三章 "型"与知识创造

益,就来自用更短时间处理数据,使其成为信息,并用其丰富企业的战略知识,[①]让企业将其转为能力并加以发挥。这意味着企业要摆脱交易活动的各种限制,以及实际操作中各种形式的阻碍。因此,中层管理的战略性,就在于它能够像枢纽机场[②]一样,以切实的手段加速流动。

在知识社会中,企业必须提防阿尔茨海默病,不能失去记忆力。针对公司老化的趋势,日本人提出将信息构成网络,实行"超文本办公"(entreprise hypertexte),即禁用纸张,[③]并且不为雇员分配固定的办公室。公司内部日常的人员流动,有利于不同背景的人员互相接触,[④]让各个小组、部门、亚文化群体互相了解,彼此学习,不至于脱离整体而陷于自我保护的常规中。[⑤]而废除纸张,可以促进潜在知识的共同化,将集体维度融入每个人的精神,并将各种信息经过格式化(数字化)整理,供所有人访问并利用。"无纸化办公"可以巩固知识的基础、集体的思维,让人们真正地共同参与到整体的项目中。这些重要的战略方针,需要广泛应用各种互动科技和移动办公工具,将它们整合于企业内联网与数据库的软件中。SECI之"型"、企业内部的无纸化与移动办公,都是"创新性的常规",让许多日本组织机构形成创新,在活跃的环境中产出丰盛的知识。

[①] "数据"(donées)是指由数字、文字、报表的形式呈现的这些事实:库存、报价、销售平台与销售网点、客户与群体分析、市场需求等等。"信息"(information)是指数据加意图;信息中的各种事实,为了一个具体项目经过了组织;数据一旦变为一种迹象,相对于一个项目或一种期待具有意义,就变成了信息。"知识"(connaissance)是指信息综合了人的演绎、人的经验和环境因素。

[②] 指某些机场汇合不同航线并集中旅客(或货物),再将其送往共同的目的地。

[③] 见本书第二部分关于普华永道咨询公司的章节。

[④] 见本书第二部分关于NTT都科摩公司的章节。

[⑤] 正如在围棋中,棋手之间的差异,在于棋盘上的落子关系与整体阵势的性质,而不在于单独的每粒棋子的性质。

第一部分　钥匙

> ### 餐厅之"道"
>
> 　　一个高加索人来到京都这座古代皇都,在几个旧城区内散步,他很惊讶的是,那些最传统的小餐厅拒不接待他!这难道是针对西方人的种族偏见?并非如此,因为看上去那些东京人甚至是大阪居民也不能入内用餐!所以,只有京都出身的人才有特别待遇吗?亦非如此,因为他被告知,符合用餐条件是餐厅经营者熟识的客人。这个高加索人追问,但这样的话,客人岂不是只能来自同一个家庭、宗族和传统吗?
>
> 　　他仅存的一种可能,就是找人陪同,并且全程陪同,而作陪者需要是常客,并且担保他的品行。然而这种做法因何而起?这些传统餐厅难道不追求利益和多做生意吗?这个受挫的高加索人无法理解,这个传统模式竟然有这种用餐的必要条件。
>
> 　　至少在这个高加索人看来,这种规矩完全不合常理。
>
> 　　其实,这些餐厅之所以拒不接待不认识的陌生人,是因为不敢保证让他们满意。客人的失望,是谁都不愿发生的,这会让餐厅方面与客人一样感觉不快,何况还冒犯了菜品所用的食材本身!在餐厅经营者与客户之间,最重要的就是人际关系。随着时间,两者互相调和,餐厅就越来越知道如何取悦客人,同时精进自身的技艺、自身之"道"!这和谐中的创新活力,正是源于每个人的"型"。

第二部分

入 门

接下来，我们将在本书的第二部分看到一些实证，它们将说明，日本在知识社会中的道路如何具体体现在各种组织机构中。这之前的三章内容，旨在提供解读的"钥匙"，而之后的几章将引领读者走入相应的许多扇"门"，这些门通向一些案例，源自笔者从2001—2005年间所做的系列采访中选出的一些实证。这些采访多用英语进行，也有几次借助翻译用日语进行。它们的价值与意义，一部分也源自笔者借助偶然的机缘克服了困难，在有限的时间与行程内在这个岛国找到了一些合适的人选。笔者最初制定的采访方向，是所访问的组织机构中的知识管理或知识创造的各种模式。笔者意识到文化的差异，也为了避免错过关键之处或重要的细节，所以保持极度的开放，吸收任何想法与建议，即使它们初听起来与话题无关。笔者所采访的人士，都期待着达成理解与真挚对话，他们很少单独接受采访，并在这四年间与笔者多次会面。

在转达这些实证的时候，笔者有意限制自己的评论，仅仅时而指出受访者发言的意义，让读者更能理解这些发言。对每一家企业，笔者系统性地为标题附加了一种形象或一句口号，以指出它的战略方针或某项重要成果。这些文字中的关键发言采用了不同字体，它们是被访者所强调的该机构的定位、原则、规章，也将读者导向富于启示的源头与开放性的思考。

第二部分的四章内容各有一个关键词。"文化"涉及武士精神的传统根源，它尤其体现在笔者访问的某些企业里，也联系到本书第一

第二部分　入门

章所写的"武道";"空间"探索某些组织机构如何将"场"的概念投入实践,这也联系到本书第二章的内容;"共同体"涉及日本社会的一个根本特征,让人们融入团队,也将关键置于献给更高的共同利益的集体努力,这一原则便体现在知识的战略共同体中;最后,"科技"涉及的是各种组织形式如何重视科技。第三章所阐述的"型"的精神,贯穿整个第二部分,可以说与日本社会密不可分。笔者还在这几章的结构之间作了平衡,因为某些企业的实证有可能也适于放入另一章。

第二部分将阐明本书的核心论点,即日本的各种组织机构注意利用自身的文化,尤其是战略文化,以应对今天这个开放和共生的世界里知识社会的到来所引起的各种变动。借助这些原汁原味的实证的具体阐发,我们有必要看到,正是这些知识的战略共同体,构成了笔者所访问的众多组织机构的现实。而读者自可以揣摩这种现实,形成自己的看法。本书的结论将讨论的是,这种日本方法具有典范意义,可以对世界其他地区的其他文化提供启发,因为后者毕竟也要在相当的程度上与日本同样应对这个时代发出的各种挑战。

第四章　文化

集体的行动：雷诺-日产联盟

　　日本人对信息的态度确实如人们所知，他们有一种不可思议的能力，可以消化大量的信息，并且他们的书写方式是与信息相通的。

　　在日本的一家组织机构中，人们可以利用一切可用信息，并且不会被信息淹没。他们用字符写作，所以能够极快地阅读。他们为了把握文章的含义，就用目光直接扫过那些源自中国的会意"汉字"，而它们给出意义的基本元素，因此可让人进行横贯式的快速阅读。日本人采用四种书写文字，同时组合使用。"汉字"这种会意文字包含着抽象的意义，其意义根据发言者、关系和语境而不同，是最复杂和最丰富的文字。"平假名"和"片假名"两种简化的书写文字，可以拼写语音，尤其用于拼写外来词汇。最后是日本所用的字母，即拉丁字母，一般用于书写英文单词。一篇文章里可以共用几种文字，而负载语意的主要是"汉字"，于是，多用"汉字"就可以供人快速阅读。

　　信息属于个人的责任与日常的工作，让人系统性地处理字符，从而参与并理解团队事务。知识在一个组织机构中是关键性的，因为它内部的动力便源自信息。在任何共同体中，任何人之间都有完全的了

第二部分　入门

解，而数据的流通有助于内部的和谐。其中，信息就是行动，因为信息一旦融入整体，就可以迅速地影响人们的行为与态度。集体就是人们的参照对象，让人对集体始终保持警觉与倾听。而一个信息是否准确，取决于它是否被所有人知道，是否带有组织机构本身的性质。信息是企业的共同资产，是团结整体的纽带，因此具有力量。因此，日本信息化的组织机构表现出惊人的效率。人们总是在学习并存档，因为信息总有可能在某一天用得上。

　　人们定期访问企业内联网，每个人都必须知情。这个关键环节可以形成他的自我管理。人们很少收到明确的指令。
　　在企业内部，信息必须被给予人们，这是每个人工作的一部分，而他们所找到、产生、见到的信息必须足够详细，以便储存与传递。在团队运作中，总有某个人负责将团队的工作进行形式化整理。这种记录是系统性的，在工作进程的每个阶段完成之后进行，它可以增加公司的公共财产并加以组织，令其对所有人可用。一项任务在执行结束之后并不算完成，因为人们还要丰富知识资产，制作将来容易调用的报告。随着时间发展，企业就可以拥有庞大的知识库，并在作任何其他考虑时，为了在采取某项措施之前先行反思，就可以以此作为参考。例如，人们如果想知道哪种车身颜色将来容易吸引顾客，就可以先整体分析十年以来积累的数据，从而推算各种趋势，在过去与各种未来的发展之间形成答案。这种做法的成果，就是对"现在"的延长，不过这样也有可能影响真正的创新。
　　日本企业对自身之外的文化只有选择性的记忆。令人惊讶的是，很多人虽然远赴美国学得工商管理硕士[①]的专业本领，但在回国后并

---

　　①　工商管理硕士（Master of Business and Administration，MBA）。

第四章　文化

不会有所应用。日本人认为，取得这类文凭是为建立声望，而参加工作之后，迅速占领上风的是本国的传统基础与各种组织形式，这显然源于"集体"无处不在的影响。日本企业重视让人们共度时间。这是人们升职的途径，然而，这也对某些协作与远程工作方式造成了问题，因为共有时空的概念产生了改变。这不仅让管理变得棘手，也让员工找不到方位，因为企业的运作基础本来应该是在当时当下处理问题。

　　人际关系是维持整体运作的关键维度，这一点让我们不可能从个人角度评价某个人的表现。不过，企业在人际关系方面并没有真正的项目负责人，因为某些人担任这种职责完全由于"关系"，这简直是陷入了纯粹的武士文化的传统。企业指定个人目标，可能导致失去稳定。企业向某人分配某项任务之前，必须确定他能否胜任，如果不满足条件，就不分配给他。一旦产生问题，团队会做出调整，弥补薄弱环节的不足，但不需要公开。一般来说，基层的经理人或人际关系的负责人需要证明的是，他懂得管理或形成团队内部的共识，同时不损伤任何一个人的尊严。他可以代表团队，并且永远不引起波折，他可以胜任是因为资历，这要联系到"年功序列"，[①] 在这种秩序下，个人的提升根据的是他在公司的工作时间，而不是竞争结果。这些的运作基础不是员工的个人表现或成就，因而成为一个难解之谜。

　　在这里，行动与时间是大家共享的。日本人不仅对自己职务之内的事负责，也对他们交代给别人的事负责。这是他们的一个典型特点。

　　行动在日本是根本性的。人们往往不会从理论与概念出发再过渡

[①] 年功序列（seniority system），是日本公务机关或企业普遍采用的一种人事制度，以终身雇用为基础，根据员工的工龄与年龄逐渐给予更高职位与薪资。——译者

第二部分 入门

到实践,而各种组织模式在此也不见效。企业目标仅仅在进展中呈现,而纯战略性的思索会让人们泄气。在良好的行动中找到快乐与享受,这是日本人的长项,但这也造成了创新方面的严重不足。日本的创造力是一个不解之谜,因为他们并不作真正的预判。[1] 相反,他们只要找到了头绪,就能在行动上远远超出其他人。他们知道这一点,而且依靠某种能力,形成了他们出色的情报文化与专注力。他们在今天对各种信息的解读做出集体性的系统化处理,也在过去一直注重记录,所以得到一种杰出的才能,可以早于其他人而形成将来的计划。他们会用速度、组织、后勤达到目标,而是这完全不等于他们有促成真正的创新性间断的潜力。

管理层负责思考与制定战略方针,但员工的升职系统与公司战略无关。这看似矛盾,但其实,管理层只是名号,最重要的是"先行铺垫",[2] 所以管理层并不需要做出个人决定。一切源于下层,因为决定一切的是一个交流的过程,而它的意义就是让人们进入行动。在日本,思考、决策、行动这三者之间没有真正的区别。如果有谁给出自己的意见,就是因为他是团队的一员,与其他人互相了解,而且发表意见就等于参与。人们的表述与有效行动之间没有距离,正是因此,人们在讲话时倍加小心,因为所讲的话发挥着行动的效力。信任在其中是至关重要的,它表现在某些长久维系的人际网络中。大学某届毕业生之间或者任何其他组织的人际关系会一直保持活跃。在某个部门里,人们要做出某个决定,得到某种意见时,每个人都会优先利用并咨询

---

[1] 关于这一点,如果考虑贝纳尔·纳德莱(1996年著)所坚持的观点,即日本战略文化遵循一种基于预判的模式,我们不免感到矛盾。然而其中并无矛盾,因为一种预判是来自在搏斗中做出行动的内部逻辑,另一种预判是通过推出一种创新性的产品与服务而形成间断。在前者中,预判处于一个动作的连续性中,而后者则存在间断。

[2] 见第三章。

第四章 文化

先前所属的人际网络,而这类人际关系的团体,其实提供着秘而不宣的参考。

日本的高效行动也基于一个事实,即日本人不会抗命。他们会按决策去做。人们一旦制定了各种标准与流程,只要不会撞进死胡同,就会一直沿用它们。总之,这是一种绝对的先发制人的方法。日本不具有法国的"自适应系统"(Système D),因此不是通过审时度势、调整个人的职责而形成适应、改变目标。[①] 与此相反,日本的效率,尤其是它的迅捷,是最有力的因素,而人们的价值正是建立在这个基础上。幸好日本人在战略和态度方面更加灵活,比其他人更有变通,所以更能适应地找到适于自身目的的手段与方法。日本男性的特质之一就是不成熟,甚至是某种不负责任。在日本,人们常说女性是柔弱的,母亲却是有威严的。她们更加深沉,男性则更加肤浅,[②] 这一点也反映在日常的工作中。

言外之意是关键的,而人们在工作中要同时注重感受与理智。从表面上看,日本人会讲许多件事,但并不指出所说的对象,正是这种方式,形成了人们的共识,导向决策。

一个人的提议,从每个人表示同意之时就开始发挥效力。而且,提议执行的效果,关系到每个人的责任心,不用加以组织。让人们吃惊的是,"监督"的概念在日本很少见。有人如果把某项工作交给别人,就知道他会照做,假如以明确的方式总结他的工作让大家知道,这反而是下策。每个人都会担起自己的任务,并且保证略微超出要求地完成。这种有限的"超额完成"的意义,又见于武道的文化传统。

[①] 它在巴西称作"窍门"(jeitinho),是指人在一个从理论上无计可施的环境中有所启示,从而产生灵机或是奇迹般的解答。

[②] 在日本,肤浅的细致,代表着完全沉浸于当前的一种方式。

第二部分　入门

它的要旨是，不要陷入停滞的状态，而要走向远处，从而保持运动，进入轨道，进入一个开放的间隙（un entre-deux ouvert）。谷崎润一郎写道："我们（在日本的和室内）随处可见若有若无的阳光附在昏黄的壁面上，艰辛地苟延残喘，那纤细的微光令人趣味盎然。对我们而言，这壁上的微光，或者是微暗，更胜任何装饰，实在令人百看不厌。"①

在日本，许多事物不会被人们说出，而且你如果要求人说明发生了什么，就很容易冒犯他，被视为鲁莽。但美国人依赖明确，因为在他们看来，每件事物都需要被定义。在日本，人们更重视过程、转化、在"间隙"中（entre）发生的事情、运动与质变。尽管地震的威胁长久伴随着这个民族，但日本人仍然会在春天去樱花绽放的光景下飨宴，也会在秋天去观赏各种色彩缓慢地渐变。情感是日本人的要素，因为他们极其关注各种事物与现象的转变，极其注意非物质的事物，以及在间隙中或者说在一种持续悬置的当前之中发生与变化着的事物。这不是说他们有多愁善感的一面，而是说他们的感受极其纤细。不过，他们会避免让负面情绪干扰团队的和谐，而且，他们因为无法处理对峙的局面，所以尽量避免这种情况，正如他们会避免做出评议。

对于日本而言，法国代表着奢侈、美食、闲适，但如果要作标杆评比，②他们会选择德国，尽管德国在日本人眼里带着阴郁色彩，食物也乏善可陈。

一切新生事物很快就会成为一种必然，跳过批判性的审视。在日本这个国家，产品更新换代的长期延续让人瞠目结舌。严格地说，向

---

① 谷崎润一郎：《阴翳礼赞》，同前。
② 标杆评比（benchmarking），指将自己企业的表现与业界最佳企业的表现在某些指标上做出比较。——译者

市场不断推出新产品并没有太大问题，但产品周期更容易导致问题。新产品虽然可在短期内售出，但很快就会过时。

与法国人相同，日本人热爱美食。实际上，几乎所有新职员都在入职后的见闻汇报①开头谈到食物。这里的言下之意似乎是说，如果人在某个国家吃不好，就说明这个国家不可靠！因此，法国在日本人眼里是值得关注的，例如卡洛斯·戈恩（Carlos Ghosn），他在雷诺汽车收购日产汽车后担任主管，是一个名副其实的有力人物，甚至被画进漫画里，或者如菲利普·特鲁西埃（Philippe Troussier），他曾率领日本国家足球队闯入2002年世界杯决赛的淘汰赛阶段，略微扭转了法兰西的形象。然而对日本人而言，忍受艰苦在某种程度上是必要的。我们如果像法国尼斯的索菲亚科技园（Sophia Antipolis）那样，将高新科技、商业与艳阳一并给予他们，反而会让他们不知所措。

创始者的基因：索尼公司与本田汽车

在索尼公司里，人们只有喜好某事时才会去做，否则便不做。情感维度是极为关键的，人们不会只考虑逻辑。一家公司的关键，就是生动地保留创始人遗传基因的影响与连贯。

索尼公司与本田汽车在规模与气质上有许多共同点。这两家企业都不认为自己是典型的日本企业。例如，他们都不依赖内部银行（banque maison）。两者都由工程师创建，不过索尼比本田更多地受到了美国的影响。这两家公司创办后不久便迈出了国内市场，向全球化

---

① 见闻汇报（rapport d'étonnement）不同于对某次小型或大型会议、某种产品或服务的客观数据记录。从前的传教士会在返城后发表这种见闻汇报（或称"奇闻汇报"），讲述在路途中感到惊奇的发现。这些汇报会作为一个整体被存档，用于公布正在发生的某些新趋势。

第二部分　入门

世界与外部力量保持开放，形成了这样的共同特点。这一点源于心态，源于创始人的基因，[①] 因为他们的创始人都想彻底奠定公司的国际维度。日本人说，竹子随风弯曲是为了保存自身完好，索尼创始人盛田昭夫正是如此，通过长期历练，他塑造了集团的使命与战略。正是从这种精神出发，人们喜好某事时才会去做，否则便不做，极为重视"感觉"。这个情感维度极为重要，人们不会只考虑逻辑。盛田会长还坚持，要人们去做别人所不做的事，而这种哲学也为公司职员所共有。

　　本田汽车也是这种情况。公司职员都以同一种理想、同一种哲学为动力，不论他们来自亚洲、北美还是欧洲。在今天，企业的一项重大事务，就是调和创新者群体与保守者群体的心态。假如年轻员工越来越不关心顶层管理，只让高资历员工经营整个公司，所有人就会脱离公司传统。这两种群体的合作与对话，要靠直接的交流。索尼的每个人都能对他人发表看法，包括对主管本人，反过来也是一样。这样就保持了企业的创新精神、企业的"场"。早在日本经济泡沫崩坏之前，职员的大部分时间都是共同度过的，甚至一起享受周末与休闲活动；而现在，这种情况并没有什么改变。

　　本田汽车曾想成为一家小型公司，但这并不轻松。虽然团队小型化有利于人们保持动力并发挥创造力，但相对企业管理所需的效率而言，这种构造会违背保持先手的精神。企业如果采用多个小团队的结构，就可能面临一种风险，失去整体流程和总的协调。在企业中，不同部门的创造力有不同的表现。在本田汽车内部，研发部门的心态激励着销售人员，推动着新概念的导入，但与销售部门的创新没有什么关系。工程师群体的问题是他们总待在一个"鱼缸"里，只与团体内

[①] 这里提到企业的"基因编码"，所根据的是日本的"神道"哲学，即一种万物有灵论。在日本人演习武艺的"道场"上，本流派创始人的肖像会被放在上座方位的纪念墙的神棚位置上，体现他的在场。

第四章　文化

部交流，除了个别的企业活动之外，与客户基本没有接触。公司的年轻力量仍然与创始人创业之时一样，充满动力，咄咄逼人，但也着力于保持企业内部的稳定，所以在推出新产品时会遇到更少阻力。

与多种其他文化保持接触，有利于我们的精神面貌。但我们如果用太多时间去了解他人想法与市场动向，然后改良与其适应的产品，很可能会错过时机。

在索尼与本田内部，人们都把交流分为两种：传统交流，是人与人之间的面谈，而数字交流，是关于技术问题的沟通。如果没有第一种交流，那么一切就无法运作，无法形成未来计划。当面倾听客户与消费者是极其重要的。人会因为过于自信，影响自己的判断力，因此本田汽车非常关心那些不忠实的客户，而在这个充满变动的时代里更是如此。面对差异，我们就能听到人们坦率和诚恳的意见。在这种精神的指导下，企业一味取悦"追随者"群体，即对自家商标近于绝对认可的人，并不能解决一切问题。本田致力于收集那些对发动机和汽车并无爱好的人们的看法和提议。索尼和本田利用"体验店"（show room），让这些人加入那些已经关注自家产品的用户。

在手机行业中，专家通常是一些年轻人，所以企业需要去感受并捕捉他们的驱动力。索尼力争将倾听与创新结合起来。公司在战略上需要考虑的是此后两三年内推出的产品，而不是十年后的产品，因为这些产品的设计到那时候肯定不会被人接受！与多种其他文化保持接触，有利于我们的精神与建立有效的影响。相较于和富士通公司展开合作，索尼更重视超出自身传统业务的各个领域。标杆评比并不是万能的，因为只与同业者比较，公司就得不到创新观念，并用它们打破僵局，开拓全新领域。索尼有不少竞争者，他们善于借用索尼的理念，

第二部分　入门

但索尼从不会考虑模仿他人，索尼对此不感兴趣，不受影响，也不投入任何精力。它用不同背景的多个团队带来创新，比如让设计人员与研发人员或营销人员展开合作。

我们需要保留一些混合成分，因为好的主意经常来自边缘人（偏执狂），而不是来自那些正常思考的人（聪明人）。在本田汽车的创始人看来，能量源自做梦的能力。

索尼与本田着力于保护创新力量不在企业的内部遭到扼杀，将发现和保存创意看作重要事务，因为一两个创新者有可能挽救整个公司的命运。他们就像病毒，发生了积极的突变。企业要考虑的就是将他们的作用尽可能放大，为他们提供充分的空间，尤其不能束缚他们。有能之人是稀少的，而只有他们，能在新的空隙里发现重要的机遇。这种知识创造的效率，并不根据数学推理，也不在于反复加大投入。我们如果拘泥于这一类推理，就会在未来和创新方面一无所获。索尼与本田将自身看作猎人，而不是牧民或者农民。根本性的做法，就是冒险进入未知的深山，尽管那里是蛮荒的又无人居住，但这样才能捕获新的想法。这一点需要我们有灵敏的嗅觉，可以得到启示。但现在，各种组织机构的重大问题是人们不去冒险。索尼需要某些毫无顾忌的职员，即使这种作风与态度很不日本。

"场"可以形成良好或者恶劣的局面，因为它可以让一个集体限定在某些封闭性的行为与态度中。

日本的传统中有一句话，"出头的桩子被锤砸"。日本的传统教育人们要跟他人一样，做正常人，见机行事……此外还有许多不胜其烦的要求！日本的年功序列，是年长者占据主导的系统，妨碍着人们对

第四章 文化

新思想的创造与交流。但佛教也深刻影响了日本文化，形成了一种不同于摩尼教二元论的推理，让"是"与"否"可以共存，将两者看作相伴而生。各种暧昧不清的情况，其实有利于创造，不同于那种非黑即白的、形成排斥的代表性体系。日本人不在意黑白分明的彻底对立。他们偏好的是灰色，以及一系列不断演化的细微差别，而这一系列的颜色，就像秋天红叶的渐变一样丰富多彩。日本人不推崇那一类中断或停止进程的排他式解决方案，偏好运动与生命。为了改变事物，人们必须自我开放，接受其他多种文化的多样性，从中得到一种激励性的根本能量。

本田汽车为保存并延续自身的记忆，使其保持活力，制作了一部附带DVD的书籍，供人了解企业的历史。这种方式促进了企业与合作伙伴和用户的接触，构造了面向未来的地平线，即使企业曾经得以创办与发展的各种初期条件已经消失。这种环境变化，要求一种新观念，而公司正在兴建的办公楼便考虑了这种趋势，围绕着公司的"场"。人们必须保持创新，因为在这个世界里，人们常常迫于忧虑或风险，倾向于模仿。本田汽车将"竞争"（日语：競争）的概念与速度的概念相结合。而"竞争"这个概念越来越常见，它可以理解为协作创新或共同创新。本田汽车的做法，是在具体的方案中加入一些共同的理想，以促使雇员高度投入。理想可以成为现实，这不仅发生在公司层面，也发生在社会与国际层面。本田汽车要做的，就是探索如何塑造这种可能，而这一点就是公司的一项重要议程。

日本的年轻女性更富有创造力，她们与遵循传统的男性有很大不同，可以构建面向未来的解决方案。

日本的年轻女性身上担负着很大一部分国家的未来与创造性的

第二部分　入门

应变能力。在日本社会中，她们没有预先规定的制约，更有创造性与决心，因而凸显了男性和上下级体制的问题。传统上，日本男性相对女性一般拥有优先权，例如出入门口或电梯时走在前面。在餐厅的饭桌上，男性先动筷子，而女性需要礼节性地把菜肴放到男性周围，再去自己享用。这种趋势让男性越加不成熟，也让年轻女性越来越不甘愿协助他们。"成田离婚"这个词就是指一些日本夫妇去海外度完蜜月后，回国便决定离婚，因为年轻的妻子在国外感到配偶极度欠缺自理能力，以致在回到成田机场的那一刻便决定分手。

在这个全球竞争加剧的环境里，白领雇员的人力成本高昂，企业要提高生产效率，就要增强创造力，改善人力资源的管理。雇员在不满意的时候效率低下，因此管理者有必要形成一种新型的氛围，以此提升雇员的动力与投入（即"场"）。本田汽车的创业者兼主管者曾说，每个人都需要有五个梦想。而公司正是作为"场"，让这些梦想能转化为现实，因为"力量源自梦想"。[①] 工作的空间，需要转变为产生回应的空间。在这之前，创新只能是独自的事务，而从这之后，创新可以是协作的，让每个人都亲身投入这个过程。

精神的自由与开放，这是公司对人力资源管理所提出的口号。在公司内部，每个人都应该能够自我表达。

索尼的公司内联网频繁更新，以使不同员工建立一种直接联系。"索尼大学"（Sony University）这个项目会定期请一些高层管理干部面向内部团体举办研讨会，拓展公司的视野与理念。这个企业进修项目有专门的网站，供人共享信息、新想法与培训内容。关于知识管理，

[①] 据创始人为公司所立的口号。

第四章　文化

索尼采用 Zygote 编程语言，通过"网络软件技术中心"（Network Software Technology Center），让工程师们加入多个专业频道，形成网络，以此定位公司所需的战略情报。他们可以访问各种与研发技术相关的数据库，也可以在"项目室"（project rooms）内时常会面，自由发挥。

这些专家网络可以定位拥有某些技能的人员。而集体分享的目标是为了达到最佳行动（best practises），让所有人可以访问一项分享，以及与此相关的系列文档（Document Box）。"文档共享"（Doc Share）是一个基于半导体存储系统的软件，由索尼与富士施乐公司共同管理，目的在于缩短从最先端研究、经由研发、再到产品市场推广的整个流程。其中的关键就是，让所有人员知道并参与公司的各项目标。这样的分享机制可以让人们讨论正在发生的问题，以及每个人提出的解决方案。传递是最重要的。而"场"的设计目的也是如此，因为好的设计可以用互信的氛围促进交流，利于创新。各种信息科技可以改善各种信息流的存储与速率。

常规（型）有时可以促生天才的想法（突破）。

索尼采用 Dolphin 软件（软件流程创新），构建公司的移动办公网络，以调用外部的资源与技术人员。它的宗旨与其说是推动技术创新，不如说是利用并优化现有条件。为此，公司将多个项目组投入这项研究，尝试用外部的贡献促成优化。公司建立了一个评估系统，随着各个项目的进展，咨询外部的顾问人员，寻求他们特别的技术情报。而其中的关键，就是选择这些人员，依据索尼的文化实行正确的方针指导。索尼公司并不顾忌联手东芝等其他公司，它依赖引导性的沟通机制（场），疏通交流渠道，在共享中联通不同的技术人员。

第二部分　入门

知之道①，用智慧去管理：花王公司

智慧成为了企业管理的核心问题。花王公司②的最高使命，就是将它所创造的知识，引入消费者的生活。

花王公司奉行三项指导原则：服务消费者、人人平等、恒久追求真理与智慧。花王公司的创建者与会长丸田芳郎，被人称为企业管理哲学家，是佛教的追随者。他认为在领导企业时，哲学要比各种传统知识与管理学校所教的理论更重要。企业的生存根本，不是为了制造利润、增加市场份额、抢占对手份额，等等，而是为了通过自己的各种产品，把幸福和满意带给客户。为此，企业该做的不是利用传统市场手段将产品从外部强加于人，而是从内心去理解顾客与用户，设身处地为他们着想。

我们不应轻视通讯工具的效力，因为它产生的首先是发信者与收信者之间的"回声"（résonance），而这就是一切的基础。丸田会长认为，人力资源管理者的动力，就是创造条件，从而解放每个人的创造力。人们以潜质而言，是人人平等的，而他们所处的情况，决定了每个人能否自我实现或自我表达。而人力资源管理者的任务，就是在这方面做出努力，让每个人对整体做出积极贡献。企业的智慧，源自所有人的知识与技能的总和，它的维护，需要组成企业的每个人之间发生互动，也需要在其中所保持的良知与和谐。

---

① 这个概念，由笔者在日本知识管理学会于 2005 年 3 月举办的 "东京知识论坛"（Tokyo Knowledge Forum）上提出。它将 "知识" "智慧" 与表示 "道路" 的 "道" 相关联。本书将在结论中回到这个概念。
② 花王公司的业务范围涉及化妆品与清洁用品。

第四章 文化

企业之间的差异，在于潜在知识的层面。一家公司相对另一家在"气"方面的优劣，造成了这家公司本身的优劣。

"气"是企业管理的根本源泉，它可以优化人力资源、资产、资本与信息的利用。我们难以用别的词来表达它的含义，但可以将它理解为企业对自身氛围的管理、思考与营建。它代表企业的双腿，如果脚步停下了，问题就在于"气"。而"气"呈现为三种不同形式。"默契之气"，或者说一个企业的沉默的、不可见的、潜在的知识，可以产生最好的业绩与最高的利润。我们可以通过它的效果去察觉它，因为它代表着企业管理的主轴。它形成于历史、日常工作与企业常规。它激励着人们，让公司对市场做出准确的判断，与它达成和谐。但"默契之气"不是通过公司内联网形成的，因为它的表达，不能通过文字，而要通过企业内各种"气"的整体，而这些"气"所指就是企业在各种层面的知识与智慧。"默契之气"在更深的不可见层次，将这些"气"结合起来，成为它们的土壤与根基。它让企业以独特的方式做出行动，解决问题，选择并展现自己的各种价值观，自己的使命与蓝图。它体现了企业及其文化氛围。

企业管理的第一要务，就是去认识企业的"气"，因为是这个特别的因素让这企业在生产能力与生产效率上有别于其他。人们往往认为，员工、资产、资本、信息等就是企业的全部，然而，人们越是把这些因素汇总起来，就越容易陷入一片噪音，因为我们还要用技能去分析和判断它们，并用一种哲学驾驭它们。而且，我们若想辨认哪些信号蕴含意义，可以带来最佳收益，就要具有一种综合能力，将人们的各种见解、洞察、说明与决策汇总起来。这一点构成了企业的整体之"气"，属于企业个别的"默契之气"。一家公司相对另一家在"气"方面的优劣，造成了这家公司本身的优劣。这种看法近于国际

第二部分　入门

通行的管理术语"企业知识"（corporate knowledge）。不过，这种企业特有的知识（气），其重要性远远超过普遍意义上的知识以及企业管理本身。"气"可以形成智慧，脱离环境的固定常规，从而为企业带来改变。野中郁次郎的理论将潜在知识区别于明确知识，但过于强调数字化的知识（digital knowledge）。然而在花王公司，人们更关注各种层面的"气"，通过一种哲学，将"气"视为企业的根源与根基。

对真正的智慧或知识，我们不可能管理，而只能为它的发展提供适宜的土壤。

知识只是"气"的一部分，它源自"明见之气"，这种"气"是明确的、透明的，它可以发展为"默契之气"，这种"气"是广泛的、沉默的、灵性的，它代表着神性，是在创造中由神赋予的认识。① 而在这两种"气"之间，还有"暗中之气"，它暗藏并体现在个人身上及其特有的技能中。"明见之气"代表明显的、明确的知识，依附于字符，例如词语、字母、数字、指标、数据或是整理出的信息。而"暗中之气"代表不明显的、个人化的知识，它不能以同样的方式表现出来，因为它停留在个人的内部，在他的主观认识、技能甚至是身份之内。而"默契之气"代表在企业或团队的"场"中得到定位的知识。正是它创建了并支撑着每一个"场"，深入（可见的）"明"与（内在的）"暗"之间。"默契之气"由人的三种精神成分所构成：智慧、感情与意志。它是根本性的、固有的、内在的，它构成了那关键而无法表达的知识的根基。

"气"的各个阶段，从数据开始，先后经历信息、知识、情报、

---

① 需要提醒的是，这里的"神"，不应被纳入基于神之现身体系的一神论宗教观念，它基于一种不同的关于生命的原则，可以通过"气"（生命的能量）展现为千变万化的形式，而且从根本上无关于时间。

第四章 文化

机智（wit）、智慧、睿智（sophia）。① 这个过程，是从天上下降到地面，从神下降到人，从自然下降到人性。我们的日常工作可以连接起"明"（明确的、可见的、集体的）与"暗"（暗藏的、潜在的、个人的），而"默然"是深层的、兼通的，我们以它为基础，就能形成正面的人际关系，带来更好的协作，让人际关系更加充实。就其定义而言，我们不可能去管理"默契之气"，而只能提供适宜的土壤使它发展，期待这种丰富的、共有的、集体的"气"，这个积极与创造性能量的源泉。所谓的企业知识，不过是个人成分的叠加，但我们更要让它成为一个平滑的、无缝的统一体。② 每个个体的知识可以组合起来，成为企业知识，但让事物发生改变的正是"气"。

为了让团队不断进化，我们就要中断并打破明确之"气"的传统框架，再将其重建。传统的知识管理做法往往划分知识，以求从中得到某些新知识，随后将此重组，形成一种修补。而花王公司的做法与此相反，它将"气"看作企业的根本原理，关注"气"的性质，以求从中到达或揭示实质。

在企业内部，信息不能被区别对待。大家应该同等地得到它。

在花王公司，管理者重视知识，并力求增加机会去交换知识、接触知识。企业所有雇员都可以同等地得到所有信息，仅对人力资源管理的特殊信息除外。每个人都可以参加任一个会议，乃至最重要的决策性会议，并有机会发表自己的见解。③ 改变是关键的，我们应该避

---

① 这是花王公司所用的表述。我们可以认为，它的意义源于日本的渐变，而只有借助几个英语特有单词才能勉强译为西方语言。

② 为了展示区别，花王公司以两种球体举例：一个是平滑的、一体化的气球，另一个是由纸条拼成的球体，充满了裂口和缝隙，完全不利于实用。

③ 对这一原则，我们不必过于吃惊。我们要知道日本社会的特殊性，以及每个人都担负责任这一点的深刻寓意。

第二部分 入门

免将不同部门的员工隔绝在各自的领域中，使他们不能通过他人充实自己并且发现自身的问题。正是因此，花王公司呈现为一种超链接形式的网络结构，一种横向的组织，将人员流动作为基础。我们让雇员频繁更换部门，也是为了让他们熟悉对企业有关的一切事物。

我们需要针对未得到表达的知识，建立多种场合、多种对话平台，以企业的共同价值为基础去交流知识。员工应该认真思考自己企业的知识是什么。暂且略过细节，花王公司里主要的知识传递方式就是对话，因为知识一旦被编码、呈现在纸面上，就已经受到了减少和削弱，这种方式就是歪曲潜在的知识。知识是指人类的一种潜能，一旦被编码就马上作废。它为个人所独有，并且随着每个人的存在去进化。基于这个事实，知识很难被普遍化。

我们如果仅仅满足于建立数据库，而不去改变人们的思考方式，就不能创造知识。

花王公司的一项关键工作，是将各种外部知识引入企业。我们通过"场"这个基于共同利益的生产性空间，将它置于消费者、用户和企业本身之间，就能创造有价值的知识。花王为了具体实现这一点，建立了一个机制，采用了一个涉及三个层面的系统，称为"回声"系统（ECHO，即"消费者意见数据库"〔Echo of Consumers' Helpful Opinions〕的首字母）。第一层保证对外接口，让用户的信件、电话、电邮，乃至花王销售网点收到的所有要求、投诉、批评都能到达公司。这些诉求，其数量可达日均250件，经过数字化处理，被填入预制表格，以便分类并解决。这一层对于知识管理和企业前景都具有战略意义。第二层是为各种解决方案建立数据库，也加以数字化处理，让客服部门可以即时采用。花王公司极为重视迅速给予回应，让对话的频率不发生停滞,甚至更加提高。最后,第三层便是分析现无解决方案的那些问题,并为此动用整个公司的各种专业人员,因为企业与客户的关系是最关键的。

我们不难想象,这样的系统极其有利于改善并及时更新各种现有产品。这个战略性知识共同体的运作基础,是一种更高的共同利益,它同时利于消费者和花王公司两者。这种知识的协作生产,超出了企业边界和企业仅有手段的重重限制。它通过一个创造性的过程,囊括了包括客户在内的各种才能与知识。从这种机制的角度来看,我们就更能理解花王公司创始人那与众不同的主张,他曾宣布,公司优先考虑的不是市场竞争,而是自身是否能为客户创造知识。这是因为,我们只要重视知识高过竞争,就能在经济收益上收到回报。

自然化营销:前川制作所

企业的各个"独法"[①] 团队不能仅仅关心自身,而要从市场本身出发,去确保自身的生存与发展。

前川制作所名下在世界范围内拥有不止百家企业,其中80家在日本,而其2500名雇员中,有2000名在本国。它的业务范围涉及全制式的冷冻机以及相关的工业机械,包括食品加工机械。它的生产业务有70%属于外包。前川制作所的架构基于"独法",这是指企业名下的众多营业中心,它们每一家都有各自擅长的业务与定位。每一个"独法",就是由5—20人组成的一个单位,而且这些人不必在一处工作,甚至可能从不见面。然而,他们保持着和谐的运转。每一个团队既有自己的业务,也以项目为名,与其他团队开展合作。凭借这种灵

---

① "独法"源于"独立法人",是前川制作所内部对其组成企业的通用称呼。

第二部分　入门

活性,"独法"或其中一些员工可以及时应对市场要求,在短期内结成特殊联盟。整个组织都具有这种更高层次的意识,而这种整体视野使成员保持活力,并促使某些成员发展出多样的才能,它作为一个不可忽略的因素,带来了动力与创新。

前川制作所借用消费者的视角定义自身业务。公司从全球化的观念出发,决定向市场投入何种商品与服务,并与商品的营销和回收相结合。这种生产系统,称作"整体性系统"(total system),对应着一种"社会性系统"(social system),它可以意识到社会本身的各种需求。"整体性系统"其实是"世界性视野"的组成部分,这种组织模式基于各个"独法"与其配合能力,应对所出现的需求。社会性系统深切关联着社会整体,关心可持续发展的共同利益。垃圾处理的问题虽由日本各个地方政府分管,但仍是企业责任的一部分,[①] 而企业应该对此做出有利于持久和谐的考虑。

我们如果要做出形式化的、明确的解释,就需要有一个漫长的过程。而创造本身,有赖于即时的沟通与必要的分享。

前川制作所承认,企业在员工培训方面表现一般,但有一种突出能力,它可以基于企业自身的"场"、世界性视野与承担社会责任的企业定位,号召并带动员工。我们如果要做出形式化的、具体的解释,就需要一个漫长的、受限的过程,因为人们永远不知道信息是否会被采纳或其结果如何。反之,交流与创造本身,所需要的是即时的参与、倾听与分享。在公司中,企业哲学是可见的,联系着员工每一天的生活,而企业文化则关联着各种背景、宗教世界、潜在知识、视野以及

---

① 受访者未谈到具体实施方案。笔者对前川制作所的访问属于几次借助英语翻译进行的日语访问之一。

观察并理解世界的方式。各个"独法"有着自身不可见的根基，也有在业务和商品中的表现形式，但这两者之间并没有真正的区分。这些根基可以一直延续到市场，而这种一贯性就源于人们的潜在知识与共同理解。

前川制作所把营销分为两种形式。"自然化营销"的出发点是企业对客户与其需求的调查，而"人为型营销"只注重推销产品，不考虑产品是否符合客户期待。我们如果一味关心推销产品，就会陷入一种受限的、不利的方法，也会导致产品过早废弃，因为这种关心忽略了材料从生产到销售的循环。在自然化营销中，我们关注的是人们的各种生活方式（living styles），从市场和用户的需求出发，共同创造出富有活力的新产品（例如店内烘烤现卖的机械）。循环这个概念，并不止于生产或是货物送达，它超出产品的整个历程，超出商品的使用与报废。而在自然化营销和人为型营销之间，存在多个层次，我们可以用艺术家或者画家的方式从一端过渡到另一端。前川制作所认为，企业自身并不处于生态环境之外，而是其中的众多"生命体"（living entity）之一，与环境构成了一种非单边的关系。以"我"去思考，就容易陷于孤立和斗争，而协作本身有赖于"我们"。通过这样的思考方式，前川制作所并不是让自身"相对于"环境去行动，而这一点也是中国的传统战略思想中的一项重要原则。

武道的精神：武藏野公司

企业的知识不是要通过讨论得出，而是要在行动中实施。我们正是这样去检验知识。

第二部分　入门

武藏野公司①的专业是保洁市场与相关业务，雇有360名全职员工与240名半职员工。它曾收获多个奖项，包括日本知识管理学会奖②与日本经营品质奖（日本経営品質賞）。对这家公司而言，知识发挥着火车头般的牵引力，带动业务发展。而知识的传递方式，不是传授，而是通过所谓的"气之场"，③它综合了共享空间的概念（场）与知识和智慧的概念（气），形成一个高效的知识生产共同体。这家中小企业在管理上极具新意，在应对改变时并不先行讨论，而是随着改变去行动。他们所看重的不是思考，而是付诸行动，在现场实现企业的各种目的与各种可能。企业需要所有员工积极主动，因为这家企业以其中小型规模，无法静观其变，期待环境向有利的方向转化，等到万事俱备的时候再去行动。

环境永远不会让人做好准备，而企业如果无法和谐应对各种环境，就会濒临消失。各种知识、价值观、思想传承的意义就在于此。依靠"气之场"，人们就能如实感到环境的各种变化，并利用其中的能量去随它改变。公司职员出于保守，会抵触改变，而我们必须针对这种倾向提供解药。我们不能像大型企业那样，随时展开调研或培训，让员工得以调整并有所准备，我们的解决办法，是在实际工作中对环境的各种变化做出上下一致的反应。这就是说在行动中学习。领导要求员工去做什么，他们就要去执行，否则就必须离开公司。每个人可以有自己的想法，有自己所认同的信仰，然而他不需要质疑公司的价值观，这些价值观必须为大家共有。而且，其中第一条就是让客户满意。

---

① 该公司全称为"武藏野股份公司"（株式会社武藏野），有别于同名的"武藏野化学研究所"与"武藏野机械"两家公司。——译者

② 同时获奖的企业还有日本罗氏制药，它的知识管理经验将会在之后谈到。

③ 这个概念由日本知识管理协会的副理事长高梨智弘（Tomohiro Takanashi）创造。

第四章 文化

弹药好过枪支。一把枪只能卖出去一次，而弹药始终是必需品。

这个观念渗透在武藏野公司的客户关系中。面对客户，公司提供的是服务，而其方式是持续且不断更新的。一家中小企业不具备大型企业的余地，不容许失误。为了面对激烈的竞争而维系自身生存，它必须调整自己的心态，将其作为规定和命令。公司利用知识管理，与客户形成一种特殊的交流方式。武藏野公司编写了"管理手册"（management book），以此作工具，向公司内部与其他人传达公司的基本宗旨，并要求所有员工熟悉它。这是因为，他们作为中小企业，不可能聘任高水平的人员负责教导和监督，于是用这本手册披露所有细节。它让人们可以了解公司的基本情况，从而使企业的运作透明化，包括主管者的日程与时间表。雇员们日常查阅手册，去熟悉企业的看法、价值观与目标。围绕手册内容，公司也会定期举办小组讨论，研讨实际案例，而最值得学习的不是成功而是失败。通过分析失败而学习，这一点收效很好，让"管理手册"逐年完善。如果手册中出现了错误，主管人与员工都会去纠正。凭借公司内部的这项显著成果，武藏野公司目前正向其他企业推销这种"管理手册"。

在一个组织中，共识是不可或缺的，所有决策都应该在全员一致同意下通过。

为了培养负责精神，公司管理者指出整体的方针、看法与规定，并让员工自行思考，以自己的方式，运用自己的知识去达到目标。这尤其体现在与客户相关的工作中。在武藏野公司里，一个团队如果造成明显失误，他们的集体奖金与个人奖金就都会减少。这种奖金的计算有一个层次，从 1 级直到 132 级，对业绩突出者甚至达到 160 级。所有员工都会记录心得，贴在企业内部的张贴板（"气之场"）上，

第二部分　入门

而这些心得会按相近主题被分类整理。企业会根据这些心得举办讨论，而员工可以决定如何去解决问题或改善流程。在某些特殊问题上，员工们如果没有达成一致，就要留在公司，不得回家。这种情况可以持续长达五天五夜，直到人们形成一致。随后，大家融为一体，而执行便立即展开。①

蜂群战略，而非蜘蛛战略。客户不会来找供应商，我们需要反过来去找他们。

在定义自身战略时，武藏野公司借用蜂群为例，而不以蜘蛛为例，后者只会等待业务，在织网之后等着猎物落网。而一家小型企业，不能等待客户，必须去寻找客户，像蜂群寻觅花粉一样，彼此传达最佳的目标与应走的路线。我们如果期待业务自行到来，就不能根据目标建立日程规划。武藏野公司的各个营业网点彼此分隔，每一个都要尽力发展新客户，开拓新业务。员工在实践中学习，并且彼此教学。他们带来并实施创新，例如数码科技的应用，现在广泛普及到基层工作人员和内部通讯人员。员工配备移动电话和各种新款的个人数码助理（PDA），可以时刻保持彼此之间以及与公司总部之间的互动。不过在基本的战略关系上，例如在客户关系上，武藏野公司偏重传统方式而不是数字方式。人与人之间面对面的接触是无可替代的，而技术始终让人与人之间保持着一定的距离。

虽然重大突破很少得以实现，但是小成绩易于实现，因为唾手可得，而它累积的结果将带来改变。

公司的"感谢卡"（thanks card）系统也是知识管理的生动案例。

---

① 见第一章所论的"反压先手"。

第四章 文化

每个员工，不论在底层还是金字塔顶端，都可以向公司内外的任何人送去一张感谢卡，只要他认为这个人的贡献改善了工作环境或是公司业务。这种方式可以对某个客户保持持续了解，记下一种做法、一个评价、一个聪明的建议、一个可以利用的创新想法。为此，公司准备了大量名片大小的纸片，同时也采用明信片、传真、电子邮件或是短信。企业内部收到最多感谢卡的团队，会以集体与个人的名义得到奖项和奖金。而多发卡片的团队也会受到表彰，因为这种做法表现出他们对其他人的行动保持关注，对企业的价值观注意吸收。这种在实际工作中保持的敏锐感受，以及好的提议和实际行动，都会被报以现金奖励。

在日本，企业领导往往不会重视员工，但武藏野公司与此相反，领导也会向一名员工送去嘉奖，只要他认为这名员工以突出的事迹对公司整体发展有所贡献。而那些没有送出卡片的人，则会受到处罚。公司每年交换的卡片高达 12000 枚。笔者在本次访问中，请日本知识管理学会的副理事长担任英语口译，采访武藏野公司的总经理（PDG），随后也收到一张感谢卡，因为笔者向一名参与会见的法国记者解释了蜂群战略背后的逻辑：蜂群（bee）战略，即是生存（be）战略。

第五章　空间

即时化生产：便利店

便利店为都市生活提供便利，它本来没有自己的产品，但正因这一点，它可以根据环境所需来定位自己。

在日本，贴近人们生活的便利店在加速发展，它一般只有不到50平方米面积，但更新了甚至超越了街区食品店的功能。它的创新模式中就包含着知识管理的重要成分。数十年来，几大便利连锁商不断增设特许经营店，以致今天在东京，我们甚至难以找到一个地点周围几百米没有便利店。这种爆发式的发展，要归功于它极为关注都市客户群体不断变化的需求，在一天的各个时间段内需要哪些特别的商品和服务，因为在便利店中，各条产品线是一直处于变化的。随时随地、即时预估并满足各种新需求，这就是便利店经营的真正指导原则，而其后的逻辑就是彻底的灵活性。这些事实，便是一条原则所演化出的传奇，它体现了武士道的特点，即"目的在于手段本身之中"。致力于手段，比追求目的更为关键，因为人们只要不偏不倚地前进，就能最终到达目标。

顾名思义，便利店是为都市生活提供便利，它的服务对象既有街区居民，也有日常途经的人群。从极端的意义上来说，便利店没有它本来应该提供的商品或服务，因为它从定义上遵循着所处地理位置周围的人与社会的环境需求。正如孙子兵法所言，水无常形，而便利店便是追随变化，从而满足各种生活模式和东京这种都会的各种需求。我们看到，便利店会根据某个特定人群，陈列某些食品、包装熟食以及用来加热的微波炉，甚至会摆设几张桌子。店内不只售卖新闻杂志和 DVD 影碟，还可以给手机充电，复印文件，冲印电子照片，售卖电池、纸巾、信封……店里的摆设，会根据它所在的街区而调整，这要求店方具有敏锐的观察力，并能够从它所依赖的环境出发，创造实际知识。正是因此，某些便利店提供条件，让白领女性可以在里面化妆或补妆，或在上班前后更换装束。还有一些店设有自动取款机，还可以为顾客预订或代收演出票、火车票、机票，甚至预订度假酒店……

有一个信息中心负责即时化生产的管理，它利用条形码，实时跟踪每个零售店的细节。

在便利店的运行中，网络科技与管理发挥着战略性的作用。在凌晨时段，便利店会上架巧克力面包、绿茶包、咖啡、汤食等产品线，以及一切适合人们在地铁出口和办公室入口之间可用的商品。在上午进行一些微型调整后，临近中午时段，便利店就开始准备午餐服务，店内又是一阵忙乱，这种情况一直持续到晚上甚至一整夜，因为大量店面是 24 小时开放的。便利店尽管空间受限，但会相应地采用更快的、更因地制宜的节奏，利用小型送货车辆穿行在东京的狭窄街道间，发挥出色的供货能力。这种快节奏所形成的频率，就是"反压先手"思想的完美应用，创造了可供不同商品轮番上架的必备空间。

第二部分　入门

　　所有的商品，都通过一个信息中心，受到即时化生产的管理。这个中心通过扫描每件商品包装上的条形码，汇总了一家连锁商旗下各家店铺的数据。实时的数据传递，就让即时的反应成为可能，因为送货车辆足以提供物流。而店员也有所贡献，他们会在收银台机器上手动敲击几下，输入客户的年龄段和性别信息。各条产品线的供货调整每天会进行数次，那些周转不利的商品会通过信息记录，从上架商品内去除。店内的负责人和员工在担任职责的同时，也会在狭小的空间内保持专注，持续地观察、记录、接待客人。这种敏感应变的做法，可以发现预料之外的各种微弱信号，同时并不强求干预这些信号的发生过程，也不是强行赋予它们意义，或借它们肯定自己根据决定论的成见所作的判断。在这里，是机制本身与其整体运作，创造了实际可用的知识，从而让系统做出调整、增长和保持活力。

　　多种知识战略共同体，联合多个性质、职责、规模各有不同的参与者，共同致力于改善都市生活。

　　近来，某些便利店中出现了一种引人注目的合作形式，以便解决人们都可能遇到的一个基本问题，而在这之前，人们对这个问题并没有真正调查过，更没有解决方案。一些市级政府与税务机关的开放时间，重合于城市上班族的工作时间，因此，上班族很难在工作时间前去领取和递交文件。而这些公共机关与私营连锁店逐渐自然地建立了接触，推出一种机制，让工薪族不分时段都能在便利店领取、填写和递交这类正式文件。对这种不同性质机构的联合，我们不必加入意识形态的偏见，因为它们的共同目的只是方便人们的生活与社会的运作。在这一宗旨下，一方面，公共服务得以持续运作，另一方面，本来寻求利润的企业也为作为公民的消费者提供了恰到好处的服务。

第五章 空间

在便利店中,我们看到的远不止是街区食品店的现代简化版。它强调管理以及持续创造对所有人有益的实际可用知识,促生了多种适应性的服务。其实,我们可以从中看到一种全面性的战略共同体,它围绕方便都市生活的目标,调动了多个参与者,让性质、职责、规模各不相同的它们,利用各种信息科技与一个良好的沟通系统强化自身功能,一并为都市生活的改善做出贡献。

某些街区便利店还扮演着一种重要角色,为老龄人群提供了交流空间与社会联系。各种便利店正是伴随居民与工薪族的不断变化,找到了自身的生存基础,它们并不是"面向"目标客户地思考,而是去"伴随"客户。它们所创造的知识有益于各类人群。而不同的连锁业者在彼此的竞争中,就要通过贴近客户、迅速反应以及创造知识,来推出市场所需的商品和服务的能力,决定胜负。

动员力:京都机械工具公司

京都机械工具公司(KTC,下简称京机工)的博物馆就像一个"场",是一个制造关系的空间,也是一个与客户产生协作的空间。人们在此可以了解所有工具的使用说明,甚至是这些工具中的心理学设计。

京都机械工具公司是工具制造商,它的供货对象包括丰田、日产、本田等汽车厂商,也有摩托车与自行车制造商。这家公司最早源于纺织业,而它长期以来的优良传统,来自它严控材料品质。它与其他制造商直接合作,以获取质量最佳的金属材料,即使最终收购价超出预算而不利于竞争。京机工的特色之一,是对产品链两端的整合,其中既有用于生产工具的机械,也有各种工具本身。它的首要关心,在于维持客户的信赖。长期以来,它认为重视品质就足以在市场上胜出。

99

第二部分　入门

后来它意识到必须做出更多努力，去维护自己的企业形象和声誉。在这个过程中，它开设了一家"制造技术博物馆"，在此设置产品展示厅，并在此接待客户与用户时着力宣传企业品牌，同时严格保持了这项事业上投资与收益的比率。它的战略目的，在于面向公众，介绍企业的情况和技术。

这座博物馆也是一个工作空间，[①] 形成了一个"场"，将这个协作空间提供给企业的客户和访问者。他们通过一段时间的访问，就更清楚地了解那些工具的各种用法、设计理念、生产要求，等等。而年轻人和学生们尤其热衷于了解生产过程中的实际场面、环境中的噪音与热量、各种工序的性质以及企业自创始以来的演进过程。京都与外地多所学校都会定期访问京机工的工厂。这家企业本来计划改造工厂，在公众面前展示不同的形象，但意外发现，那些学校恰恰想要设身处地地了解真正的工作场面。企业管理者说："他们认为最关键的是，对任何事物，学生应该去探索它的本质，系统性地深入表面之下。"这家博物馆成为了人们社会生活中的有益组成部分，也作为一处设置，供消防员演练危机时刻的各种救援方案。京机工还会邀请关系密切的客户，参加"学用"与"自制"工具学习班，分享企业对工具的热爱，这种做法尤其体现在一个开放的赛车维修车间里，让这种实际的共同体验织造人们的感情联系。

员工的大部分生命都在企业中度过，因此，这个空间应该让所有人感到满意。

这家博物馆并不是企业过往业绩的纪念馆，恰恰相反，它是京机工未来几十年的一个新起点。它是企业内部50个项目团队的集体劳动

[①] 它让参观者可以见到实际的工作状况。

第五章 空间

结晶。它从概念、规划到设计，都是逐步确定，经历了一个过程，听取了每个项目组与集体的多次讨论。企业请一些员工在自愿的基础上直接参与各个空间的设计：厨房、餐厅、教室，直到楼顶的天台。每个人对细节都投入了极大的关心，让最终结果尽可能的满意与高效，让大家在这里都能感觉良好。楼梯台阶的高度经过计算，供人轻松上下。在某个人的提议下，洗手间内设置了一处专供放置手机的收纳，以免它掉到不该掉的地方……它还让人在洗手时不致溅湿随身携带的文件，设置一个搁架专门为此服务。博物馆招待访问者的小餐厅里，为厨房出口设置了一面镜子，以便服务人员在进入访问者的视线之前确保仪表整洁，如此等等。

这家博物馆极为重视光线，也按不同用途为各个空间选择了不同色调，代表每项活动中特有的情绪，例如为工作区域选用红色，为灵感的展示区配上适宜的蓝色，对收款区采用和睦的绿色……博物馆还重视四季的影响，将四季元素融入各个场所的氛围。而这些创意并没有影响各个空间的基本用途。某个项目组设计了一个挂衣架，行状怪异，而这是特意为了让客人感到吃惊并提出问题，从而消除紧张氛围，形成友好的联系。博物馆楼顶的天台，由四名员工组成的项目组构思并设计，而因为这是他们所做的选择，现在仍由他们负责维护。它种植了150多种植物，可以用作社会活动的会场，举办烧烤聚餐。由于这个设计的成功，京机工还计划将这种"自然化设计"用于企业其他建筑的天台，甚至可能用于通往厂区的高速路周边的环境。

在京机工，任何工作区域都是一个展示档位，而员工知道他们随时可能在被客户观察。

这家博物馆的创办属于国内首创，而员工们也分享着这种荣誉。

第二部分　入门

为了记录建筑设计的全部过程，所有参与者，不论来自企业内外，其姓名都被标记在册。这份电子文件有助于参观的向导人员，让他们借助这份历史参考，指出那些人的设想如何成为空间中的具体结果，因为这里的每个角落都富集了许多人的关心和用意。参观者分享这个氛围，将它作为一个"场"，感到自己是其中的参与者，而这种感染力有益于所有人，包括员工与参观者。对京机工而言，他们创建了一种真正的媒介，它源于历史，性质独特，强调与他人的沟通。它对企业管理和内部人际关系的品质提升都有巨大的效果。面对自身扩张与来自中国的竞争，这家企业正在思考自己应做的决策。在访问中，受访者没有回答笔者提出的这个问题，留下了一段略为尴尬的沉默。

极致的流畅：丰田自动织机[①]

在这里，知识创造的工作环境与自然环境和谐共处。这家企业从知识出发，用新的工作方式去创造和共享知识。

企业建筑采用了"障子"[②]的元素，过滤外部光线，随着对环境的开放程度而改变光线强度。这里的自然照明与人工照明都是散射光，从不用直射光。日光柔和地照进整个建筑，而楼顶还安装了吸收太阳能的设备。这种与自然环境的联系极为关键。在企业的任一处，人始终与外界保持着视觉甚至感官接触：在周边的园地，人们可以看到四季的色彩变化、开满花的树丛、河流、小桥、鸟园……这种设计灵感来自野中郁次郎的思想，构成了一个布满水平线条的内部空间，与环境形成和谐。停车场在外面是看不到的，置于地下，因为植被更为

[①]　丰田自动织机，是机械制造商，也是丰田集团的源头企业，后将汽车与制钢业务独立出去，另立为丰田汽车与爱知钢铁两家公司。——译者

[②]　指日本传统和室所用的可拉动半透明隔断。

第五章 空间

重要。

知识的战略共同体可以为各种组织机构带来流畅的工作环境，它的建立和发展应该是具体的，不应该停留在理论上。新的生活方式，可以激发并增强创造力。因为知识是价值的源头，所以我们必须共享知识。员工所处环境的品质，可以从三个层面加强企业的"场"：物理层面、信息科技的虚拟层面、综合层面，后者可以把前两个层面结合为一个综合的"场"。丰田织机在名古屋建造了这一处新型建筑，聘有200名员工，用这个实验性的环境来改变生活与工作方式。之前，员工们的思考与行动方式是彼此隔离的，而公司这座新建筑是恰恰相反的，它本来就被设计为一个"场"。

这个新型办公地点，在停车场上方共有三个楼层。它的第一层是会客场所，接待企业的供货商，设有一个展示厅，也安排了那些负责企业协作项目的职员在此办公。在这里，企业与合作伙伴交流知识。这个环境中的一切，都是为了强化企业与客户和供应商的交流中的潜在层面。这里有可以调整的设施，便于面对面展开交流，将墙面涂成灰色，从而不干扰沟通。办公楼的第二层是"全球数据中心"，而第三层汇集了知识创造的空间。办公区没有固定隔断，并且推行无纸化办公，利于人们增加协作。员工如果有需要，可以在中央空间之外的四周，用活动隔板围起自己的工程师团队或形成开放性会议室，进行特殊的会见，也不会造成突兀的物理分隔。这里还有一个无干扰空间，独立于其他空间，用于个人专注性质的工作，并且不使用电话，利于独自沉浸于工作，而温度也有意设计为稍低于其他空间。这座办公楼的各个角落，从色调选择、空间布置、面积划分直到材料选择，都考虑了每个空间的用途，例如餐厅设置在公园一面。这座办公楼保持24小时连续运转，安装了先进的防范设备、人员识别装置，当然，还有建筑抗震系统。

第二部分　入门

空间有助于营建流畅的工作环境，它应该在沟通、协作、专注工作的几方面都符合实际要求。

这里的一切设计，都是为了让人在工作时感觉舒适，并在执行项目时方便找到所需的资料。公司将几个放松区和共同工作区开放给所有人，设置了可调整的办公设备和空间布局，以适应不同的任务和人数。在这里办公的人可以随时从物理和虚拟层面与其他人交流，不管要找的人是否在处理任务。而这个工作环境里的员工满意度，是全公司里最高的。这个新型办公中心经常受到丰田织机其他分公司与部门的参观，为他们提供启发。参观者不是仅仅通过解说来了解这里的工作方式，更重要的是感受这种氛围，在这里自由行走，浸染这里的原则，因为整座建筑物本身就是一个"场"。日本人所说的"现场"，就是指实际工作的地方，是当前的现实，它就在此时此地，并不是一种概念。而"场"联系着人的意识，这两者都具有根本性的情感维度。我们在这座办公楼里，也能发现西田几多郎对于人的感受和生命体验的哲学构想。

空间化的 SECI 知识模型：日立高科那珂营业所

工厂的架构围绕着这个核心概念："在开放的空间中一起思考"。

日立高科那珂营业所（下简称那珂所）的主建筑位于水户，① 其空间结构采纳了野中郁次郎的 SECI 知识模型，将共同化（S）、外现化（E）、组合化（C）、内在化（I）四种要素融入工作现场，构成办公室的布置。在这之前，空间结构是固定的，分成格子，一切配置都

---

① 水户位于东京以北。日立高科旗下的那珂营业所主要工作人员是高级工程师与高级认证技术人才，负责生产尖端医疗器械。

第五章 空间

围绕着唯一的工作重心，即完成各种任务。而现在，员工可以轻松形成视线交流，他们之间的挡板也降低了高度，可以让他们在各自位置上看到一个开放空间内的全景。而那些防护板与障碍也被移除，让人可以看到前方和周围同事的走动。这样，人们在工作时就成了整体的一部分，感到沉浸在这个氛围里。

在这之前，如果有同事走过来拍一下某个人的肩膀，后者可能受到惊吓，因为他不可能看到有谁向他走来。员工们彼此隔离开来。而现在，借助转椅和两人共用的120度角的雁形办公桌，人们可以轻松主动地接触附近的同事，不用再形成两人对峙的角度。所有这些元素，共同构建了一个真正的"场"，创造了各种流畅的新工作方式。这些变化所产生的结果难以测量，但一些指标证实了这种选择所带来的改进。在那些工程师的身上，这种改进表现为氛围与工作方式的改变。在营业所内部，人际关系变得更加直率，每个人如果有某些相关事务，就可以找到其他人甚至主管的留言箱。人们的对话保持开放，而且不只分享知识，也分享彼此的坦率、诚恳与信赖。办公用纸也得以节省，因为公司系统性地运用信息科技，将知识中心化，也让它为大家所用。

从此，那珂所的指导方针便是在知识的"场"中与外部伙伴展开合作。

在合作中，企业与客户的知识交流是一个必不可少的条件。年轻一代的工程师比上一代更能及时做出回应，他们将在未来承担大量业务，而他们与客户的关系便备受管理层的关注。那珂所邀请客户前来，自带样品来自行试用各种科学仪器。[1] 这种直接对话，也见于那珂所

---

[1] 这里某些科学仪器的造价可以高达几百万美元。

第二部分 入门

去往其他企业和实验室的访问。

日立公司的工程师每年可以有六个月在一家合作企业度过。这类互动相当重要，它可以确定各种新材料的规格，并尤其能让那珂所敏感地察觉到客户的各种需求和期待。那珂所的展示厅被称作"水族馆"，因为它把各种科学仪器摆放在玻璃柜中，构成了与客户共享的"场"的维度。在这个营造关系的空间里招待客户，应对各种测试项目，这发挥着极其关键的作用。日本公共机关的研究者也时常请求那珂所协作，而这里的工程师的时间是紧缺且宝贵的。此后，水户市政府部门和那珂所的指导方针，便是以真正的知识创造为框架，与外部伙伴展开合作。在那珂所的业务领域，世界范围内还有许多家公司表现突出，这对他们构成了一种持续性的挑战，让他们时常追踪业界动向。

中层管理：富士通公司

人力资源在知识管理中发挥着重要作用。公司的任一员工都应被允许即时访问各种知识。

在公司里，任一员工都应被允许即时访问各种知识。人力资源在知识管理中发挥着重要作用，而各种信息科技可以优化人力资源的管理方式，让企业不必浪费资源去重新开发已被发现与验证的办法。技术文档的自由使用可以强化现有知识，并且带来人们的行为变化，因为知识管理渗透在每一个瞬间的实际工作中，并深刻地改变人们的工作方式。企业在内部所形成的知识创造与分享的持续循环，促使人们创造、分享、重新发现各种新价值。在企业管理上，富士通公司应用知识管理，将传统的自上而下的层级结构改为中层管理（middle management）。公司基于中间层，发展出一种同时面向上下的管理模式。① 中层管理加强了团结，保证了全员的动力，调动了全体参与，为公司目标做出贡献。

知识是企业必备的竞争力的源泉，因此，富士通公司在项目与任务的整个执行过程中系统性地积累和共享知识，因为公司所提供服务的品质源于知识的品质。富士通公司的知识管理基于一种不分访问级别的企业战略，系统工程师使用 SolutionNET 软件，而行政人员使用 MyOffice 软件。这种去中心化的积累，让每个部门都能加以利用，成为一个学习型组织。知识管理可以构成企业的知识资本与知识储备。野中郁次郎的 SECI 模型所指出的日本企业与美国企业的区别，在此依然有效。对于企业而言，知识共享是一项持续性的挑战，同时企业也必须缩短从知识生产、内部消化到知识运用的这个循环所耗的时间。

知识管理首先以各种问题的形式出现。

企业在与客户的互动中，如何通过了解他们的文化与观点来创造知识？企业如何重新发现目前所具备的各种知识，而不必投入资源再次从头开发？在这些问题上，中层管理扮演着至关重要的角色，因为它代表着一种联通企业上层与下层的核心要素，而它尤其体现在公司内联网中。在这方面，富士通公司从野中郁次郎的理论出发，认为知识是在底层创造的，它产生于人们日常的技能与人际关系，但因为不具备形式而难以把握。知识最初是不可见与零散的，所以我们应该创造各种有利条件，将它共同化，从而发现并收集它。而中层管理涉及上下各处，可以承担一项基本功能，构成企业内部的衔接。公司定期

---

① 中层管理的重要作用，可以比作围棋中的棋子连接，其中是棋子之间的连接所具有的性质和力量，决定了一处局势的稳固。

第二部分　入门

召开会议，分析和推广各种典范做法。而会议也涉及定期的听证、持续的考察，以及对之前所遇到的重要问题的整理。在富士通公司看来，知识并不是一把万能钥匙，我们只能在它产生的地方得到它，并在同样的基础上进行各种新知识的管理和传播。它来自于我们在日常工作中对如何改进流程、如何创新的不懈追问。

富士通公司允许人们用各种方式表述知识。我们不应该拘泥或依赖特定的标准表述方式。渐进模式是最佳的：人们可以从一点一滴开始，并在保持变通的同时逐渐积累，为此，公司需要为所有参与者提供即时与稳定更新的网络。富士通公司分别采用几种软件推动知识管理，用它们涵盖了各条产品线与各种服务，并针对知识的获取和传播中的不同层次与形态，构建了不同的知识运作模式。公司利用SolutionNET软件的框架，整体转变为学习型的组织。而ProjetWeb程序（负责"将一切放上内联网"）优化了内联网的结构，让它成为企业内部的强力工具，与互联网同时服务于客户关系。"项目间知识共享"（Sharing knowledge among Projects）系统将每一个单独的项目都放上内联网供人访问，这样的积累系统可以确保记录公司当前与过去的工作进程。"基于工作细分结构（WBS）的项目管理"也是一个内联网上的管理系统，它所跟踪的项目利用了第三方的经验，即来自企业外部的经验。最后，公司将"无纸办公"用于各种行政工作，通过区分关键知识和其余知识，提升服务品质并控制成本。就总体而言，富士通公司结合了卡斯特尔[①]提出的两条准则，来评测一个网络的表现：网络的协调性（cohérence），标志着网络的各个部分对整体目标的共享与整合水平；网络的连接性（connectivité），代表着网络的每个元素与

[①] 中层管理的重要作用，可以比作围棋中的棋子连接，其中是棋子之间的连接所具有的性质和力量，决定了一处局势的稳固。

另一个元素产生交流的速度与便捷度。企业构造一个中心化的大型数字化存储系统，供所有人访问和使用，就是为企业形成一个灵活而有生命力的神经系统。每个人都在日常工作中使用它，丰富它。

知识管理是竞争力的一个决定因素，它存在于日常的各种业务活动中。为此考虑，我们将网络化管理用于知识创造，并采用超链接文本的逻辑，将这些作为我们的强力工具。

富士通公司在知识管理方面已有二十多年的经验，而它采用的是日本方式，亦即强调潜在知识多于明确知识。公司的工程师们致力于时常倾听并接触客户，以求改善产品与服务品质。为此，对人际关系和新知识生产在传统上所遵循的单线缓慢过程，他们都不予采纳。这种做法当然会面对一些困难，因为我们要在企业范围内建立共同知识，就要人们普遍支持某些价值观，去不断改进并且开放共享，然而工程师难以主动贡献某些知识，因为他们认为自己的技能依赖这些知识。对此，公司将"网络化管理"（web-management）用于知识创造，并采用超链接文本的逻辑，将这些作为我们的强力工具，形成一种创造性的知识管理。它们形成一种分布式系统，将知识形式化，而这个系统基于个人，充分肯定个人的重要性。每个人都在内联网上传自己的日程表与待办事项，并添加备注，写出自己设想的执行方法，供所有人访问。这种网络化管理可以针对各个项目，从它的起点，持续追踪并储存它们的产生过程、大致目的与执行细节。

还有一个关键是，公司需要分清哪些信息不必提供，以保证人们的创造力，因为如果我们提供太多信息，就可能扼杀所有的质疑精神。人们如果花费太多的时间去学习，就没有多少时间用于创造了。富士通公司甚至决定，不再使用纸页归类存档信息。一切有必要打印的文

第二部分　入门

件，在使用后必须销毁，因为人们的工作是通过网络访问而组织起来。重要的信息，都保存在发布信息的中心存储库里。人们通过现行项目之间的关联与关键词系统，就可以将知识形式化，利用信息化的存档方式，让知识可被企业所有人访问与获取。

除了用这些略显严格的框架来搭建知识结构，富士通公司也重视人际关系之中与形式之外的因素，用它们输送氧气，促进创新。正如野中郁次郎所言，潜在知识的共同化发生在主体之间，正因为这样，我们必须增加有益于此的场合。富士通公司将地处横滨的办公楼作为实验场，采用了"无主办公室"（non territorial office）系统。每个员工在写字楼的入口领取一部手机，用它开通电脑，不再使用一个固定位置作为自己的工作空间。这种战略方针，酷似人类大脑的运作模式，它也影响了企业与合作伙伴和供应商等客户公司的关系。这种做法，让企业的工程师和市场人员不论走到哪里，都能在工作中调动企业的所有资源。人们在一种开放和信任的氛围中分享各种问题、各种技能、各种对策（典范做法）。富士通公司在业界成为一种模式和参考，它将自己的各种模式带给外部的合作伙伴，而不是相反。我们可以认为，富士通公司对全体人员的意识与工作流程的整合，不仅是共享企业项目，它的基础是一种神经元的运作模式。

共享责任：三重县厅

三重县知事在由上而下的策略遭遇失败后，决定从下层出发，促使人们积极行动。

三重县[①]被某些人称作日本文明的摇篮。就行政规划而言，日本

[①] 日本的县级区划相当于我国的省级区划，"县厅"可理解为省政府，"县知事"可理解为省长。——译者

第五章 空间

的"县"相当于法国的"省"。三重县辖下有69个市镇,计115万人口。这里诞生了丰田、雅马哈、铃木和本田等诸多知名企业。它的首府是名古屋市。在1990年代后期,三重县知事北川正恭发起了一场雷厉风行的行政改革运动,以使各个地方政府的行政人员负起责任、提高效率、提升素质。这场改革影响了县内各个方面:各个集体与个人组织,各种公私程度不等的企业。最初,改革强调的是改变人们的精神面貌与作风,而后推向各个系统,最终成为一场集体的行政改良运动。它消除了上下层级(即扁平化管理),采用去中心化的决策方式,根据项目分配资源(以项目为导向)。2002年,三重县厅与日本罗氏制药一同收获了日本知识管理学会颁发的年度"知识管理奖"。

这场改革的整体目标,是推广一种基于公民权益、遵循协作原则的管理模式。

这种面向公众权益的政策,既有战略上也有战术上的实施手段。它投入了一整套的新做法与创新,并对它们逐一详细分析。政府公务员对各项工作和任务的效果做出评定,而各种行政服务人员通过一个集中教学与动员项目,实现了彼此衔接。政府推出"计划、执行、评价"(Plan-Do-See Circle)的口号,用它量化与评估组织与个人的表现。这里的"评价"并不限于分析人们的工作成绩,也为成绩寻找相关原因,探讨因何成功或失败。正如佛教的教义强调合理地分析因果联系,人们有了这种意识,就能回到原因,改变那些有损集体利益的行为与态度。因此,人们就能在一个持续的循环中,不断改善"执行"以及"计划"。

三重县厅推行集体原则,动员公务员和其他民众共同加入一个知识创造的积极环境(场),致力于提高公民的满意度。县厅推广几组

第二部分　入门

关键词，作为每个人的行动指南："分权与自立""公开和参与""简化与效率"。北川知事呼吁人们摆脱旧的心态，即"家长作风和唯命是从"，转为更负责任的心态，即"伙伴关系与集体协作"。这些口号催生了人们的积极行为，进入当地各种公有与私有企业、各个集体与个人组织。这整个地区的"场"，打破了各个政府服务部门之间的界限，而在此之前，它们的运作是封闭的，因为每个服务部分都紧盯自己的工作，没有整体的意识或视野。这场改革以其公开透明的宗旨，也深入了公共财政的管理，带来了节俭与效率。

第六章 共同体

共同体的创建者：传媒观察社（NTT 集团）

知识需要被管理的这种做法源于美国，它过于重视各种信息科技。而在日本，人们强调的是各种新兴共同体的原则，这种做法更重视人的情感。

传媒观察社①的企业战略诞生于一种颠覆性的模式转变，这种变化一方面体现在企业的组织形式与价值观上，另一方面体现在企业与各种可用环境的联系中。伴随全球化的发展，非物质经济消除了各种地理限制。在网络的数字化环境中，各种迅疾而频繁的变化也引发企业管理的转变。在过去，知识与各种智力才能仅仅属于少数人，供他们指导、教育并改变雇员的行为。这种管理在执行上围绕着中心展开，监管着每个人的工作，所以说其中的指示从上而下，基于一种金字塔式的分层，配合着"指挥与监督"的中心思想。负责决策的高层领导与负责执行的底层员工之间界限分明，信息流从根本上是单边发出的，而企业对人的态度是千篇一律的。企业内部与外部的联系，

---

① 日本电信电话公司（NTT）集团旗下的广告与出版公司，于 2007 年并入 NTT 广告公司。——译者

第二部分　入门

仅是形成区分，一方面分出"我方"，代表着不超出自身物理范围和条件内的企业；另一方面分出"他方"，代表企业外部的所有供应商、客户、市场、调研对象……这种过于简单的模式，目前正在迅速改变，而且种种迹象表明这种改变正在加快。无论企业还是其他组织机构，它们都需要理解这种变化的大致轮廓，从而用创造性的方式去适应它。

今天，权力的执行正在向下层迁移。用户的态度正在转变，因为他们有了越来越多的丰富的信息流，而这种信息流也来自其他用户。一个客户与单独一家企业、单独一家服务提供商之间的持续而专一的关系已成过去，不变的是传统广告宣传的直接与单向的劝诱式沟通。而企业通过与客户的各种新式互动，也发现了曾被自己忽略的某些产品的优良品质。这些来自企业外部的意见与评价不应该继续受到无视。数字化语言①赋予人们的自由，席卷了整个地球，因此，一个组织机构无法再以围绕中心的模式去监控某人对它的一句评论。我们必须适应这些变化，适应参与者的多样化，遵循一种交流与对话的逻辑，培养一种有所准备的能力，用适宜的节奏去创造性地把握主动，否则就会坐以待毙。这场全球范围内的演变，根据一家企业的业务性质而对它产生不同程度的影响。传媒观察社在所处的传播领域就曾遭遇重创，因为来自NTT集团旗下子弟公司的订单数量大幅跌落，而且其他各家服务提供商发起越加激烈的竞争，也让本身已经缩水的广告市场雪上加霜。

"共担责任"与"自主管理"的基础，是一种知识与一个共同项目，其中，个人化的服务逐渐取代了千篇一律的待人方式。

---

① 即在（数字）互联网上。

第六章　共同体

　　今天在这家广告公司中，知识广泛地为人所用，情报被共享，而员工接受了优质培训，从此可以自主进行调研。现在人们知道，教育是毕生持续的，而不是一劳永逸。这一点改变了传统的学习过程：先用时间在固定场所培训，再投入职业实践。而人们行为的改变，带来了自主的学习过程，取代了金字塔结构中由顶层强加的教育。人们不必公开表示自己的同意，通过协作和专人辅导，转变了基于权威的人际关系，让各种结构必然地走向扁平化、激励人们的投入。用企业管理的词汇来说，就是企业过去的"英雄领导者"（héros leader）成了现在的"讲故事的人"（story teller），他的动员和指导，靠的是讲述故事，从而影响人们的意识，改变员工的行为。他的姿态越低，就越让企业内的各种边界变得模糊，但这不意味着他不再存在或者没有了存在的理由。

　　这个转变中的关键是，为了适应现实，我们该如何设计并导入新的企业运作规则？在企业内设立分隔，或者将企业与外界隔绝，这些做法已经成为过去。从战略角度看，这关系到一种选择：我们是选择坚壁清野，筑起一道马其诺防线，还是采取主动，做出创造性的动作。我们如果选择闭门思考，就只能固守困局，继续败退，而如果学做游牧者，就可以保持灵活，不再陷于之前的位置，因为它们已经无以适应今天的运动、多样性、各种竞争，以及各种信息与通讯技术所打开的广阔天地。在这些潮流的包围中，原地坚守的人将不再有力量去改变局势，不再有创新力和能力去做出回应，更新自己的产品与服务，遑论改进自己的组织模式与人际关系模式。我们可以把过去的"我方""他方"之分，换作一个"统一的、积极的我方"，以此促使人们持续的互动、互相给予和互相学习。我们也可以把过去千篇一律的应对方案，换作多种个人化的对应方式，并通过创造性、适应性的人际关系的博弈去创造这种方式。

第二部分　入门

　　我们不再推广一款产品、一种服务、一种说明。它们在今天，应该产生于一种必然需求，而这种必然需求来自集体或人与人之间，让我们只能辅助参与它的形成。

　　传媒观察社作为传播服务提供者，一度难应对市场的各种新情况与持续的局势变化，必须有所举措才能维持生存。公司的订单和利润都在下滑，而公司也根本不可能在短时间内推出新服务和新产品来产生盈利。迫于形势，公司必须为自己找到新方向，定义自己的使命、理想、价值观与战略。传媒观察社的全体员工都意识到，他们必须适应一个中长期的转变过程，同时也必须坚持完成短期目标以维持公司生存。于是，公司各个部门都横向地综合人才，成立讨论组，制定两个方面的工作方针：一方面是战略性的思考，另一方面是当前的实际工作，这表现为项目规划书里标明的完成期限。

　　公司职员通过集体动员和个人创造，付出了高强度的努力，展开交流，思考彼此提出的问题、讲解与对策，也进行了多次参观学习。他们找到了公司的生存根本，制定了一张详细的战略图。为了激励每个人的参与，传媒观察社当时启用了一种尤其强调员工意愿的方法，让每个员工设想未来，具体讲出自己在三年以后的公司里将会担任什么职位，每一天如何工作。这个想象空间的开放，创造了一块场地，积极引入了每个人的能量。所有的个人贡献的内容，不仅在近百名员工群体内流传，也时而在员工聚餐或公司外部研讨会的友好氛围里经受大家讨论，以排解日常工作对人的压力和要求。由此以来，传媒观察社重新定义了自身使命，并用一句富有活力的标准口号，战略性地将这种使命建立在公司内部以及公司与其业务环境的关系中。这句口号成了公司的指导方针："传媒观察社是共同体的创建者、增援者与扩张者，我们将以个人与集体努力，运用一切可能的媒介为此服务。"

第六章 共同体

公司从服务角度提升了自身价值,这依靠的正是它创建共同体的能力,它通过各种整体性的解决方案(媒体组合推广)为广告方和用户营造出富有活力的关系。

"我们是共同体的创建者,提供多种媒体形式的解决方案。我们利用多种媒体为你创建一个属于21世纪的共同体。"今天,传媒观察社的事业便是创建并维持各种共同体。

共同体这个核心概念的定义,涉及人们所共享的社会空间(social space,即"场")的观念,让个体与组织机构可以基于共同目标、价值观、利益乃至感受(feelings)联结起来。任何社会环境都有一台发动机,靠它维持运作并推动内部的能量流通。而其中成员之所以保持活力与团结,是靠一种定向的共同努力,它来自于各种仪式(型)。在一般社会中,各种共同体的存在可以是明显或潜在的。而传媒观察社的创造性工作,就是去感受并寻找哪些人可以被塑造成共同体,但这不是从外部去管理他们,而是在预先创造各种条件后协助共同体的孵化。在它内部,每个人不论角色与位置,都是在自律和独立的基础上与他人发生各种互动。

传媒观察社认为共同体分为三种:传统型、主动型与战略型。在传统型共同体中,人们对它的归属关系是自然成立的,以地理或家族为基础,不经任何选择。它是预先注定的,其中,人际关系是牢固和规范化的,等级是支配性的,从属关系是受监督甚至被强加的,而成员们是被动和受支配的。在这些组织性的机制之下,它与外界的沟通与开放是极为有限的。这种共同体可见于部落、乡村或民族之中。它在性质上首先是防御性的,但也可能在必要时向外展开掠夺与征服。

第二部分　入门

其中,"我方"和"他方"的区别观念是牢固的,而人们的从属关系是专一的。与此相反,主动型共同体是通过选择而形成的。其中,多个个体决定联合起来形成组织,确定并商讨一种利益,例如各种协会、企业联合会、职业团体、政治党派,或者各种宗教和教派……人们对它的从属关系是明确的,并就此进行商讨。

战略型共同体或计划型共同体,是指多个性质不同的参与者或组织机构,也可以包括企业,它们形成团体,围绕一个核心主题,形成各种意向和目标,也可以追随某些价值观而联合起来。其中,地理、家族、种族条件不是必要的,而互联网让它摆脱了空间限定。参与者为了实现共有的目的而共同努力,在战略型共同体中培养出倾听的态度与开放的精神。它们各自保持独立,同时不破坏整体。它们通过对话形成了差异,在共同体中并不追求简化或标准化。[1] 其中个体形成的联系,无关于他们的文化或机构归属,只基于价值观和利益,因此易于建立。[2] 战略型共同体非常接近互联网和其他数字化网络的性质,而这些网络中的传播是广泛而即时发生的,不受地理条件的限制。在这种特别的共同体中,知识创造扮演着重要角色,因为其中有着高密度的联系,而传媒观察社正是重点关注这类共同体,开发了自己的特色产品。这种共同体带来了质的变化,影响了服务提供商与客户之间的关系。它是进行知识创造的积极环境,有意识地建立在项目、共同努力和共享的基础上,其中有着各种流通和转化。

---

[1] 这种战略型共同体的例子见于泰国,当地政府推行一场运动("泰国智慧":Thai wisdom),旨在革新大众意识,产生了多种基于知识创造的协作经验。

[2] 其中,我们仍然可以见到卡斯特尔所提出的两个指标,用以评测网络的效率:协调性与连接性。

第六章 共同体

从"一对一提供服务"到"互相沟通"。之前,公司将自己看作一个独立不同的实体,脱离了客户和用户,而且也在更广泛的意义上脱离了外部世界。

以前企业与客户的联系是单向的、直接的、由上而下的("一对一"的单方面对应关系),建立于信息的控制和交换,途径是不变的渠道和媒体,现在我们可以建立一种新的联系("互相",即协作关系),面对一个网状与开放的世界,让多种拥有不同目标和价值观的共同体发生互动。在过去,企业定位于社会之外,作为一个独立实体,用单方向的结构去回应各种需求,为此重视两种缓慢的信息流:从市场到企业,再从企业到市场。这种运作模式不利于做出反应,不能利用众多消费者和客户的情报。这种做法,是划定、固定、定义一种需求,再以此为标靶,正如发射导弹时先行计算。而在可见的未来,企业似乎正在把自己定位于社会内部,吸收企业之外的各种变化,避免陷入隔离或封闭。这种互动性、创造性的动力,带来了一种新的关系,它基于信息的分享和质的转变,完全不同于固守位置与韬光养晦的心态。而为了保持凝聚力,我们就要强调企业的计划、生存根本与各种追求,让它们深入员工的意识与日常实际工作。我们恰是要觉察到这些新的必然要求,才能让企业管理适应知识社会的各种新状况。我们虽然失去了控制,无法把握潮流,但更应该与潮流之中的能量和谐共处,而且这不意味着我们作为主体会消失。

面对这种新的全面变化,企业在实现自身目标时,越来越依赖一种集体互利的原则。传媒观察社设计并推出了各种服务项目,超出了传统的广告服务销售模式,并尤其重视传统媒体和新兴媒体的组合运用。这是为了创造有利条件,创建利益的共同体和虚拟的共享空间

第二部分　入门

（场），而其中互相联结的对象，可以是性质不同的经济角色，它们虽然功能各异，但通过一个项目、一个目的而结合起来。传媒观察社的事业，正是通过组合各种媒体，去设想、揭示并创建各种共同体。这类共同体的核心活动，就是处理信息，以此为整体或每个个体生产有益的知识。而为了达到这个目的，传媒观察社在战略上，避免用直接和侵入性的方式去接近现存或潜在的群体。相反，它利用谨慎的、尊重的、非直接的方式，将出发点作为人们本来表现出和蕴藏着的事物（观察式策略：monitoring strategy）。这样做的最佳之处是，它所催生的用户共同体，可以不依靠服务提供商而自主管理。传媒观察社将自身定位于网络型共同体行业（网络商务：net business），凭借自身的精确分析、想象力和实践力，产生了经济效益。传媒观察社还重视基于现有的共同体，创建特定方向的联盟。

而传媒观察社作为知识的战略型共同体，也将其模式用于自身，极大地超出了一家日本企业的物理限制，面对在网络社会中组织形式不同、业务和利益各异的多种共同体，融入了它们的关联机制。这种活动得益于几个团体。第一个团体是日本中小企业内部某些主题或目标下的共同体，它联合了许多员工，制造了他们的联系。第二个团体是NTT集团内部的子弟企业，也包括传媒观察社自身。第三个团体联结着这些集团企业与其客户和服务提供商。而所有这些活动中的各个用户共同体，构成了第四个团体，在事实上协助着传媒观察社的生存。这种划分对应着企业的四种协作之场：位于上游的合作伙伴、作为核心的自身内部、位于下游的客户企业，以及更处下游的客户企业的客户。而每一种协作关系，都可以产生一个进行知识创造的"场"，从一个项目、一个目标、一个概念当中获取活力，形成一条知识开拓的前线。从这之中，我们对网络企业可以做出一种极具创新的定义，对

第六章 共同体

于这种企业而言,地理与所处位置只是部分因素,这种因素尽管仍是关键性的,但绝不会对企业的行动和灵感来源构成限制。

  传媒观察社鼓励公司内的创新意识,以及人员、才能和技术的多样性,因为这样的环境有益于形成真正的集体智慧(知识)。

  传媒观察社对内部办公环境追求现代化,甚至采用最新产品,令人舒适,以流畅的运转①让每个人拥有足够的空间。人们的工作时间可以调整,而公司的管理系统鼓励人们自由并负责地管理并执行任务。各个项目组的成员来自横向组织,可以超出公司的界限。各种精良信息科技的应用,让人们在每一个角落的工作都有速度和效率。人们以共同体为基础,既在工作现场也通过远距离通讯以分享知识和经验。企业支持每个员工进修至少一项特定领域内的技能,而且这种专业化是为了丰富个体,不是为了限制他。这些技能,以及熟练的外语能力,可以用于发展企业的品牌形象与社会声望。传媒观察社的员工发表文章讲述公司业务与哲学理念,同样是为此服务。公司经常举行内部培训班,并让每个学员将学到的内容传授给其他人。当然,公司员工也去参与企业外的活动,如展销会、研讨会和演讲会。公司还与各个伙伴企业建立了活跃的联系,追求共同的利益、繁荣与增长。公司内部将"活泼、愉快、生动"作为核心价值观。公司鼓励创新意识,以及人员、才能和技术的多样性,因为这样的环境有益于形成真正的集体智慧。公司将"感谢、感谢、感谢"作为口号,通过仪式(型)为人际关系制造节奏,鼓励交流,促使员工感谢个人的贡献。

---

  ① 流畅是日本美学中极为重要的元素。例如,日本艺妓的优美在于各种表现形式没有任何突兀,动作一气呵成而保持连贯。

第二部分　入门

大规模技能传授：日本罗氏制药

  知识管理的一个重大难题是，对有用的技能，我们很难将它明确化并在企业内部传授。

  第二次世界大战后，日本罗氏制药在日本列岛创立，自那时起成为一家浸润日本文化的公司。1998年，企业遭遇了连续三年的业绩下滑，并且无力向市场推出新药来重振业绩。面对这危险的形势，公司社长（即总经理）繁田宽昭决定致力于提高现有产品的销售，而具体的措施，就是将各种潜在知识转化为业务学习材料，从研究最优秀员工的成绩开始。

  与法国一样，日本的药品销售员直接接触医院的处方医师，这种关系决定了公司的药品是否被采购。换句话说，日本罗氏当时面对的战略性问题是，如何提高药品销售员群体的业绩？此前，各种各样的解决方案，无论传统还是创新的方法，都没有带来令人满意的结果。销售员受过的培训是类似的，掌握的信息也是相似的，那么最佳销售员（占比20%）与中等销售员（占比60%）的区别在哪里？药品销售员是个综合职业，需要掌握多种知识和技能。他们直接面对医生，需要既能说明药品的分子作用原理，也能讲出药品可能具有哪些副作品。而医生，也就是他们直接面对的客户，并没有多少时间，所以经常导致见面的时机并不适宜，甚至没有条件安排会面。在日本罗氏，20%的药品营业员创造了三分之一的销售额，另外60%的业务员可以体面地完成任务，而剩下的20%的业务员则业绩较差。因此战略性的问题是，如何让这60%的业务员提高业绩。

  日本罗氏认为，业务员的销售能力由四个因素决定：对产品的科

第六章　共同体

学知识、对需求的分析、对销售的定位、与处方医师的面谈机会。最佳销售员与中等销售员的区别就在于他们的工作方式。第一类销售员会提前深入了解药品知识与推荐用法，而第二类销售员做的是传统推销，没有想象力且处于被动。最佳销售员善于选择恰当时机，知道什么时候医生最容易沟通。他们会做出预判，提前收集对方可能会问到的信息，并用一种主动积极的沟通姿态，在需要时提供一切补充信息。他们会系统性地制作笔记，记录处方医师的考虑，这样就能在之后的访问中给出符合期待的答复，运用合适的论点。而销售员选择在什么时候走出最关键的一步，敲定一笔销售，这一点却不那么容易，传统方法更没有提供相关的方法。这其实取决于一种基于潜在知识的"感受"，也取决于在人际关系中敏感调整节奏的能力。那些销售"明星"，凭借本能就可以察觉并知道在什么时候去接近医生，用什么论点让他做出采购决定。

日本罗氏实施了"大规模技能传授"项目：将最佳业务员的潜在而巧妙的技能解释清楚，再用它去解决某些业务员的棘手难题。

为了实施"大规模技能传授"① 项目，日本罗氏的社长从各个区域临时召回了最优秀的 24 名销售员，让他们集中起来担任临时培训师。这并不是轻而易举就能做到的，因为各地分公司也想留住这些一流的专家。所以总公司必须说服分公司的负责人，得到他们的支持，让他们也加入 SST 项目。公司对项目参与者没有任何薪资补贴，但社长繁田宽昭的全心投入起到了决定性的作用。在组建培训师阵容的时候，领导层没有选择那些最具性格的人，而是选出一些人来鼓励竞争。

---

① "大规模技能传授"（Super Skill Transfer, SST）这个口号，听起来就像"超音速客运"（Super-Sonic Transport）一样响亮！

第二部分　入门

在两个月的时间里，这个 24 人的团队一直在东京的公司总部工作，讲解他们靠哪些潜在技能在业绩上超出了中等销售员。这段时间的工作，对应着野中郁次郎的 SECI 模型：共同化（S），是将这些专家在两个月期间内聚集在一个容器里；外现化（E），是对潜在的知识和技能赋予形式；组合化（C），是将这些形式化的知识与现有的实际工作知识互相结合；内在化（I），是利用一种机制让学员们从学习成果中吸收各种建议，并在以后加以运用。通过前三个步骤（SEC），这些销售专家整理出了他们的工作方式和建议，以求尽可能提高销售效率，而两场实验（I）验证了这种做法的效力。

最优秀的药品销售员，被称作 SST 成员，每个人负责指导两个销售员，在三个月内对他们进行密集培训。而他选择学员，是为了后者能够将技能再传授给同事。在这场知识和技能的运动中，SST 成员（指导者兼培训师）伴随学员参加整个推销活动，并且提出和总结一些建议，让学员用于以后的实际工作。而那些最难说服的处方医师，会被选为目标作为考验。按照 SST 项目规定，营业员必须提前了解医生的行为举止并准备核心论点。访问医生时，指导者并不发言，但会在其他场合努力说服医生。这种说明形式的安排，是为了用结果告诉学员他们能做出好成绩。指导者在讲解经验与技能的时候，突破口是将它们融入学员自身，用于直接和可检验的实际工作，而且学员已经在培训中思考并讨论过这些工作。这个步骤极其显著地对应着 SECI 模型中的内在化阶段。这种机制的效果，就是实地展示各种技能与窍门，将一流业务员所发展出的内容，教给那些不懂这些内容的业绩一般的业务员。这种教学毫不抽象，而培训师和学员保持着互相尊重和信任的关系，不断面对挑战。这种人际关系中的学习，发挥着决定性的作用，产生了动力，让两者仿照师徒关系去共同面对真实情况，这个过

第六章　共同体

程促成了见习中的传授。

销售员对药品知识的重视、对消费者的关注，是明显应当并且必不可少的，然而传统的培训班无法将它们具体实现。

在实施这个实验项目的最初 18 个月内，日本罗氏收获了销售效率的显著提高，还有员工的行为变化。80% 的 SST 学员开始致力于讲解药品信息，而在这之前，只有 10% 会这样做。经验的分享，讨论与评价，结论与直接的现场实施，这些做法传授了这份职业中的要领，促使工作方法产生良性变化。从中，我们又见证了一个日本的信条，即学习要在实地发生，正如武艺要在榻榻米上演练，而且我们要"共同洒下汗水"而学习。只用语言的理论教学是不够的，我们要通过身体来学习。日本罗氏用几个月时间培训了 240 名学员之后，伴随着多米诺骨牌效应，发起了一场全面的业绩竞赛。而那 24 名最佳药品销售员暂离业务前线（共 5 个月）也很快带来了回报。公司得到了生产效率的持续增长，而学员的自主行动也带来了整体性的持续收获。他们为公司感到自豪，而且能够自行完善销售策略与技术。他们会帮助其他人解决困难，充分利用公司的资源。

从此，日本罗氏通过实施改良各种手段这一战略性原则，在运作上更像一个连贯、协调的整体，而最初行动的成本很快就换来了更多的收益。SST 成员每月都与社长见面，报告项目进展。日本罗氏找出工作范例，放在网上，让所有药品销售员都能访问这个数据库。现场的经验让员工有了新的工作方式，并且持续改进。日本罗氏成立了一家"SST 研究所"，针对最初的经验下所做的工作，去推行、维持并强化它。这家研究所负责记录并推广工作范例，促使销售队伍保持积极态度，跟踪那些未受培训的销售员的业务表现，向他们提供学习材料。

第二部分　入门

它定期举办研讨会,在两个半月时间内召集30名左右参与者,主题是如何在使人自愿的基础上实现领导力。公司还有一个内部电视频道,每月两次让SST项目的负责人与各地分公司互相沟通。

这些经验的重大意义在于,它们成功地把关注点放在潜在知识的暗箱之中,将潜在知识的战略和战术意义明确展现,而且利用一个过程传授潜在知识,产生了雪球效应。

如果没有公司社长与最佳药品销售员团队的投入,SST项目就不会诞生,也不会走向巨大成功。公司通过应用野中郁次郎的SECI模型,强化了企业内部多个共同体的联系与员工的企业认同感。公司有了更加畅通的交流,而每个员工都主动地扩展了自己的人际关系与知识。随着业绩欠佳的业务员转变心态,公司也重新找到了未来。这场运动让公司员工不再为难,帮助他们在实际业务和工作习惯上摆脱了困难。通过确切的结果,员工切实看到了改善,更强化了他们对项目的认同感。

面对危险境地,日本罗氏设想并试验了一个系统,用于揭示知识(共同化),再去传授潜在知识(技能),而这一点是脱离现场的培训无法做到的,更无法通过远距离通讯提供方法予以实现。其中,由于药品销售员的职业性质,所以人际关系的因素,或者野中郁次郎所谓的主体间(intersubjectif)因素,比潜在知识发挥着更关键的作用。这个项目对最佳业务员的潜在知识与技能赋予形式,随后在工作中具体实现传授过程,这建立于一种创造性的人际联系,发生在三者之间,不仅是指导员和学徒两者之间,因为在客观上,处方医师也是其中的参与者。

在这场运动的动力根源,业务访问中的"实验性"维度发挥了根

第六章 共同体

本性的作用，它让学员们感到，通过切实的投入，他们就能自主转变，看到自己的成绩。在公司内部，这些学员成了SST项目的最佳推广者。日本罗氏建立了一种"场"，一种知识的战略共同体，并且首先将它建立在优秀业务员之间，其次建立在各个选拔出来的优秀业务员和中等业务员之间，最后建立在整个公司内部，从此走出了曾经的困局。2002年，SST项目以其典范意义，收获了由日本知识管理学会颁发的年度奖项。

关心人类健康：卫材制药

卫材制药调用企业外部的多种资源，与患者及其医护环境凝聚为一个"场"，以追求改善人类医疗和健康的总体目标。

"我们是作为女士和先生去服务其他的女士和先生。"卫材制药将企业的总体纲领定为"关心人类健康"，[1] 运用了自身之外的力量。它创造条件，建立了一种知识的战略共同体，做出共同的努力，引入患者与其家属，也更广泛地引入了所有的参与者，不论他们的地理限制与文化背景，将他们团聚在"关心人类健康"的企业纲领下。在卫材制药企业内部，知识创造代表着一套真正的管理哲学，让它思考自己作为一家企业的生存根本，并从战略角度重新定义了自身使命。野中郁次郎教授在这家企业的自我定位中扮演着重要角色，而该企业的这段经历，也构成了野中教授所指导的研究生露木惠美子的博士论文研究案例。[2]

在确定这个纲领性的口号之前，卫材制药在最初的设想中考虑到，

---

[1] 卫材制药的这个官方口号，原意是"人性化地关怀健康"，是指同时关心患者与其家属的生活；口号的官方中文翻译是"关心人类健康"，在本文中采用；而著者似乎误把这句口号词意的两个部分理解为三个部分，看作"人性化的健康和医疗"。——译者

[2] 露木惠美子（Emiko Tsuyuki），博士论文在2005年完成于东京一桥大学。

第二部分 入门

科研、制药、商业方面的知识和能力并不是企业的全部，因为它有更高的生存根本：关心人类健康。为了充分承担起这个使命，它必须寻求其他形式的知识和能力，而它们来自患者和家属，还有他们所处的医护环境，所以企业应该组织这些人互相接触。尽管企业拥有某些杰出的能力，而且这些能力极为高端，甚至处于科学最前线，但是这些科学、研发、营销等方面的能力并不是企业的全部。卫材制药面对"关心人类健康"所提出的要求，发挥其中的能量，致力于贴近患者群体，为他们和周围环境中的人们建立一个"场"。这种互动中的创造性，可以产生知识，让企业知道该去做什么以及怎样做。于是，卫材制药的研究者并没有把患者群体（与其病患）的各种需求信息据为己有，也没有利用不可置疑的科技地位去独占这些信息，相反，他们将自己融入一种协作性的活动，为各种解决方案做出贡献。卫材制造、患者群体和其环境中的参与者所组成的这个共同体是战略性的，因为它关系到每一方的切身利益：患者群体、患者家庭、医院……也包括卫材制药自身。

患者对自身病症的评判，是一个根本性的知识来源。企业应该围绕它，调动各种研发力量与研究方向。

患者、家属和环境中的参与者对病症的知识，就其性质而言，首先是潜在的、无声的、无形的。为了提供条件使它共同化、外现化，卫材制药去建立一个"场"，让企业与患者在其中做出共同努力。野中郁次郎的SECI模型恰是作用在这里。企业将关怀带入第一个阶段，用一种互相信任的氛围（S）将潜在知识展现出来，因此就可以对知识赋予形式（E）。卫材制药的员工在医院和其他疗养场所关心并照料患者，从而创造了条件，让知识的各种元素变得明确可见，而这对于

第六章　共同体

企业实现"关心人类健康"的目标是不可或缺的。卫材的员工通过这种关系，可以从感觉方面潜在地了解患者的生活节奏，以及各种困难和看法，正如日本的武术宗师通过直接的交流而亲身施教。这种知识的战略共同体，其基础是奉献、信息交流，与一场总和可变、利益共享的博弈，让所有人参与其中，而这种博弈即使没有收获，也不会有任何损失。卫材制药绝不是形成一种黑洞作用，只是吸收而不回馈。它借助"场"的力量、影响与能量，令潜在知识摆脱负担，脱离个体限制，进入形式化的轨道，在创造性的互动中表现出来。

卫材制药的众多合作伙伴也是它的客户。为了发展与他们的关系，卫材组织培训班，帮助医生改进工作。为此，卫材制造还设立了一个免费的电话咨询热线，一年365天保持开放，并且开设了一个关于老年痴呆症的网站，面向公众举办相关的演讲会，积极策划每年一度的特别活动日。这些活动都有助于营建一个"场"，联合起各种领域的人，不论他们是患者还是医护或科研相关人员，也不论他们是不是在卫材工作。[①] 每一次咨询都是珍贵的，无论是建议、意见还是评价，无论是来自患者还是医护人员，卫材制造都会逐一对待。那些没有办法答复的问题极为重要，因为这类问题指向知识的边界，需要成为研发的对象。对于这些信息，卫材制药会依据SECI知识模型，按照四个阶段的特点去收集整理，并将它们用于项目化的管理，从而逐渐发展到质变阶段，产生新的认识。在处理信息时，卫材会采用各种信息科技，但不是从信息科技出发，因为真正的出发点在于各种信息源和人际关系。

在"场"之中，当我们以知识创造为根本，为了共同寻求解决方

---

① 例如包括来自辉瑞制药（Pfizer）的参与者。

第二部分　入门

案进入一种定向的活动时，就消除了主体与客体的区别。

在具体案例中，例如针对患者对内窥镜检查的抵抗心理，卫材制药仍然采用了SECI知识模型。在最初的阶段，卫材将一整套潜在知识共同化（S），具体做法是向医生、研究者、心理专家群体内部发去一份问卷，收集他们个人的分散化的知识元素。而为了将收集的知识外现化（E）时，卫材还进行了第二种问卷调查，这次的调查对象是患者群体。进行调查的同时，卫材还组织心理辅导讲座，并散发一本指南，解释内窥镜检查的性质、目的和意义。患者的知识因而得到增长。随后，这两种问卷被组合起来（C），加以分析，其结果又被用于新的培训班。最后的内在化，针对的是医生也是患者，让他们在内窥镜的意义与必要性方面获得更多知识。这个过程有助于消除患者的疑虑，而且患者最初的看法也是这个过程得以开展的重要先决条件。卫材制药不是去"否定"患者的看法，而是"伴随"他们，利用各种方式，向他们说明这种检测仪器将如何用于诊治他们的疾病。

在这个例子中我们见到，卫材的做法并不限于知识，因为患者即使知道内窥镜检查的益处，也难以排除心理上的反抗。这种知识运动，是为转变参与者的认识与态度，无论是患者还是医生，都让他们从中得到个人和整体的益处。卫材意识到了医生和研究人员所具备的潜在知识，将它表达出来并融入文化，所以创造了条件，得以理解并消除了患者的排斥心理和认知不足。卫材制药在依赖专家时，并没有认为他们是特殊而保密的人，将他们的技能当作至高无上的权威，并居高临下地运用知识，相反，卫材让这些专家得到了患者的信任，而这种辩证的关系形成了知识的创造。医生"伴随"着患者，帮他们消除了排斥内窥镜的理由，也正因为这种"伴随"，他们共同证明了一种令人满意的方法。

第六章 共同体

卫材制药通过问卷调查和采用 SECI 知识模型，让潜在的知识元素得以表现出来、被共同化、进入交流并组合起来，创造了一种属于各种参与者的实际知识。这种正确的活动创造了知识，也让医学研究的成果发挥了效力。这种经验证明了一种在对话中创造知识的方法，其中，来自企业的参与者虽然可以被归类为专家，但并不认为自己预先已有理所当然的解决方案，只需把它告诉患者，而患者群体作为参与者，在企业看来，并不是无知者，他们并不需要接受知识来达到满意的结果，更不是只能在无知的情况下去压制自己的反感。与此相反，卫材制药基于各种相对的立场（"场"）而展开研究，建立了一种保持尊重和开放的对话，将从中产生的好处带给所有人和每一个个体。[1]

在"关心人类健康"的纲领下，卫材制药创造各种条件，形成了一种有利于行动的和谐关系，[2] 而其核心工作正是协作中的知识创造。

在卫材制药企业内部，"关心人类健康"的价值观从此发挥着指南针的作用，为全体员工的日常工作和人际关系指明了方向。这种价值观就像赋予人们活力的润滑剂，将各种能量导向同一个方向，对每个人的行动赋予意义，因为他可以根据"关心人类健康"的价值观，衡量自己与他人的成果达到了怎样的水平。企业为了维持并发展这门哲学，设立了一个仪式化的奖励系统，每年表彰为企业的知识和成果做出了突出贡献的那些员工。企业鼓励员工在工作中互相交流、倾听和帮助，也鼓励他们讨论彼此的看法和工作方式。同很多日本组织与

---

[1] 与这种模式相反，我们可以看到，传统的科普战略认为，我们应该用传统方式传播各种内容，用其不可置疑的特点去说服别人，甚至去消灭大众的偏见，用科学真理取而代之。

[2] 关于这种"有利于行动的和谐关系"，可见前引大卫·费达克所著《空军打击下的战略僵化》中博伊德给出的定义。

第二部分　入门

企业一样，卫材制药注意打破不同部门的信息流之间的屏障。企业与外部签订的所有合约都放在内联网上，供人们自由访问，而且，阅览资料的员工如果对一件信息有积极评价，就可以给它的评分增加一分。① 这种持续性的研究与知识创造活动也在其他方面开展，例如企业在内部举办跨部门培训班，并与其他客户满意度领先的企业进行标杆评比，因为与一流对手的比较正是学习与进步的源泉。

卫材公司还实行了"关心人类健康"的次级项目，将其他的必要技能也囊括在网络中。这个次级之"场"的作用是一种战略机制，可以尽可能地吸收所有参与者，而这些人无论以直接还是间接方式参与，都有助于知识生产，可以服务于关心人类健康的整体目标。

卫材制药对知识创造做出了重要贡献，指出了它的方向。这家企业演示了适应于知识社会的一种典型战略，而在这个社会里，行动速度和网络关联度对于企业越来越重要。卫材集团进入法国之后，一些管理者在2003年提出意见称，因为文化方面的原因，他们很难将日本公司的模式在法国本土实现。尽管如此，笔者在某次与一名法国的处方医师私下谈话时，竟然也听他提到卫材的商业模式不同于众多竞争者，因为它对倾听更加在意，并且真正地关心医生群体的想法和问题。

细致的方案：朝日啤酒

知识管理的目的，在于改善决策，提高工作效率，使客户满意。

在这家企业中，知识管理涉及各个层次：从供应链、销售链直到终端消费。在知识管理成为趋势之前，朝日啤酒已是该领域的先

---

① 本书第二部中，我们陆续见到了日本企业以其他企业作为范例的情况，而我们从中看到的，是日本知识管理学会的讨论班和演讲会的成果。这家学会集合了近千家会员，其中包括日本所有的大型企业。

驱者，它重视"情报活用"（情報活用）的概念，即优化利用信息，将现场工作与品牌知名度结合起来。从词意而言，"情报"是指信息，"活用"是指业务活动，而两者的结合，是指"收集信息，以扎实的基础开展实际工作"。企业中有 10 人任职于信息科技（IT）部门，15 人负责知识管理，使知识去中心化，并传送给公司的各个团队。① 这家企业中流通的信息形式是客户档案和技术档案。为了让年轻干部尽快在营销业务中利用这些信息，公司致力于精简相关的行政手续。

2001 年②正值朝日啤酒的业务上升期，而企业中很多人受到外来人士演讲的影响，越来越了解知识管理。于是，公司建立了一个网站，帮助员工增进相关认识，此外由于这种方式效果有限，朝日啤酒还用漫画作为辅助手段，让宣传大有进展。公司的第一阶段计划是引入知识管理的系统和组织结构，而今天这些基础工作已经投入运作。在第二个阶段，公司引入新的价值观，并将其系统化，以促使公司管理的改变。此外还有很多工作，尤其是与知识产权有关的工作，需要很多投入。朝日啤酒在知识管理上的做法，与市场和营销有着内在的联系。而在这种意识下，公司不仅在市场推广中，甚至在生产阶段就不断深化和扩大知识管理的影响。公司知道自己不可能一步到位，所以逐步进展，在一切有序进展时就继续向前推进，而在相反的情况下就重新调整，例如把漫画用于宣传工作。

信息产生于市场人员与客户的联系中，所以，市场人员将维护客户关系作为日常工作的一部分。

---

① 据 2001 年末数据。
② 笔者对该公司进行采访的时间。

第二部分 入门

朝日啤酒所推行的主要机制是企业内联网,让每个人记录自己收集的信息。这个内联网就像一个收信箱,接收各种想法、发现和奇闻,[①] 并且让公司可以形成一些具体建议,向餐饮业的客户推荐某些餐品,给他们带来更多收益。例如,一名销售员推荐一道小菜或者西班牙的小吃塔帕斯,用于佐饮公司的代表产品,也就是啤酒,而这些建议不限于此,甚至包括店面视觉布置的参考方案。

朝日啤酒的销售人员都配备了笔记本电脑,用于记录这类信息,每天所有人提供的信息可能多达一两百条。信息会直接归入建议箱,经过分类整理,供所有内部人员访问。有些信息涉及商业竞争,会给出确切的建议,教人如何赢得市场。有些信息是对某个城市或某个城区的细致分析,而销售人员会加入精心制作的地图和观察。这些信息的品质会逐渐提高,经过一段时间的积累,还可以帮助公司把握相关业务的战略动向,开展相应活动。公司还对收集到的所有数据分类归档,定期进行评估,从而发现各个业务领域的新趋势。

信息管理是所有人参与、所有人受益的工作,是共同的情报,不限于企业的边界之内。

在朝日啤酒内部,每个人都以集体协作的精神,为自己所处层级以及公司整体的知识管理做出贡献。有些员工负责收集、评审和整理收到的各种信息,把它们按重要程度分类,将最重要的信息标作"必读"。这种分类工作尽管由市场部门负责,但所有人都可以参与。在这种集体的轮流评审中,每条信息都附有一个栏数据,标出阅读次数,

---

[①] 所谓的"奇闻"汇报,对从前的传教士而言,是指一切超出传教士原来的感觉、预判、表达所依据的传统系统的事物。从定义而言,奇闻汇报没有特别针对的对象,也没有先决条件,可能涉及无限多种主题。这些报告在经过归总和分析后,其内容可以向企业揭示某些趋势甚至机会。

第六章　共同体

另有一栏标出一个分数，代表它是否被大家认为切实有效。每周排名前20条信息的贡献者虽然不会收到特殊奖励，但在人际关系上会得到高度认可。

近来，朝日啤酒面向企业客户开设了一个信息服务网站，并将部分内容对公众开放。网站上提供了啤酒的卡路里数据、保质期限与食用期限[1]、灌装技术等信息，还提供了一个专业日英词典。这些信息对饮品零售商和餐饮业经营者都极其实用。朝日啤酒的工厂主管负责选择将哪些信息放在网站上。现在网站上的报告数量有6000—7000份，其中还有关于工作方式的改进建议。网站日均访问者约有100人。上面还有一个酒店和餐厅推荐名单，为出差的员工提供帮助和便利。这种信息分享超出了企业本身的边界，同时符合企业的利益。知识管理涉及朝日啤酒整体的企业管理，并且不受企业本身所限制，因为它吸引企业客户以协作的角度参与其中。

创造性的家庭：女经理人美嘉

人际关系是首要的；我们如果只关心业绩指标，很快就会产生厌倦，所以关键的是个人的参与和投入。

美嘉女士（Mika-san）是一名年轻的白领女性，年纪不到30岁。[2]她管理着多家餐厅和酒吧，它们位于东京以北的水户市，雇有近70名员工。在她看来，企业首先需要经营人力资源，其次才是追求业绩与利润。管理者需要用很多时间与主要员工共处，熟悉他们，了解他们的工作和为人，而在工作中，他们每个人都需要独立、负责。员工们

---

[1] 日本食品一般标注两个期限：保质期限（消費期限）是指未开封状态的正常保存期限，食用期限（賞味期限）是指开封后的保质时间。——译者
[2] 2004年时。

第二部分　入门

需要学习并选择自己的角色，知道自己喜好什么、擅长什么。这就像在家庭中，每个人都知道自己所属的共同体中有些什么，并去不断生产它。对于企业而言，它的内部有不同的职务和角色，共同协助它的发展，而管理者的角色就是把每个人的力量凝聚为一个整体。因此，他需要观察每个员工以怎样的方式去学习、工作、娱乐、担负起责任、与他人沟通。美嘉女士最大的期待是让员工成为"知识劳动者"（knowledge workers）：她希望他们理解工作流程和方法、工作任务和注意事项、某件必需物品的其中原因，希望他们知道自己应该学习和利用哪些知识。有了这些基础，员工在完成目标时如果缺少某些知识，就能自主进行探索。

在日本的传统中，有人如果用不同的方式做事，就会让周围的人失去稳定。

为了得到新想法，我们需要结合经验与知识，而企业应该做的，就是在合适的时机和场合运用这两项要素。企业之所以能够设计出新的项目、产品和服务，始终是因为留意环境，随后对其做出回应。有些人能够意识到别人的心思，这些人就是知识的代理人（知识劳动者），就能独立地形成各种能力，从而获得成功，施展自己的长处，让自己变得强大起来。这个问题还关系到人的心理和精神，因为一般来说，日本人很难去认识自己，这种情况的根源无疑是传统上的集体影响，因为从前人们依赖集体才能生存。他们受到的教育是不要越线，不要尝试超出界限。所以，他们需要知道个体是精彩的，应该培养对自己的信心，从而根据个人的情况去改善和改变。在企业中，人的工作方式无关紧要，每个人都是不同的，并为自身工作负责，他为了他应做到的结果而去调整自己的工作。美嘉女士对一切充满好奇，她喜

第六章 共同体

欢直言自己的想法，用积极的态度去表现自己，面对杂志采访而展现她多种多样的活动。她与女性群体保持着密切接触，因此感到自己背负着她们的期待，并希望得到她们的认可，为此，她会超出自己的业务领域的界限，创造新颖的格言。

核心共同体：日本知识管理学会

学会将知识创造作为日系企业的支柱，帮助它们走出经济低迷期而重获新生。

日本知识管理学会（KMSJ，下简称"学会"）成立于1998年2月1日，联合了知识管理领域的职业人士和学院研究者。截至2005年，它的会员数量接近了1000人，[①] 他们来自日本各家大型企业，也更多地来自中小企业和地方政府，如前文所述的三重县厅。在学会中，最高层的理事会由一名理事长和一名副理事长领导，而组织机构中设有多名理事和监事，多个分主题委员会和工作组，还有从日本主要企业的高级管理层的知名人士中选出的一些名誉会员。[②] 学会的年度总会邀请数百名与会者参加，并且颁发一系列"知识管理奖"，奖励在知识管理战略上做出创新与示范作用的对象，其中包括大型企业、中小企业，也有某些地方政府。学会与世界其他团队，如美国质量控制职业人士联合会、英国的泰洛斯、法国的欧洲工商管理学院[③]保持合作与交流，通过互相交流，共同改进企业的组织结构。这种伙伴关系

[①] 包括法人会员与个人会员。——译者

[②] 学会的"顾问委员会"中还有5名非日本籍人员，其中也包括笔者。

[③] 美国质量控制职业人士联合会（Association of Professionnals of Quality Control, APQC）；泰洛斯（Telos）主持着《知识管理学报》（*Journal of Knowledge Management*），每年一次发表知识管理领域表现突出的企业名单；欧洲工商管理学院（INSEAD）这所商校位于法国枫丹白露，在新加坡也设立了校区，是企业管理学科的国际名校。

第二部分 入门

不限于欧美,也发展到了亚洲。学会与多家性质相同的研究会保持着联系。学会在创立之初,极为推崇 APQC 在知识管理方面的宗旨:知识管理就是"在企业内部取得、组织、传授、利用信息的一般过程"。但学会与此渐行渐远,并在后来基于"知"[①] 的概念提出了"智慧管理"的概念。

学会认为,知识的创造和管理可以作为根本性的支柱,帮助日本走出上世纪末的经济低迷期。为此,学会深入研究了从前日本商人的原则和做法。从明治时代初期开始,这些日本商人走遍了世界,对外贩卖商品和进行探索,也引入了各种新观念。在这个传统里,人们的好奇心和创新意识是极其重要的,而这些商人对日本的开放和繁荣做出了突出贡献。在这个全国性的学会看来,日系企业只有将知识作为核心,才能重现辉煌。人们必须分享知识,普及各种有效模式,从而丰富知识,应对知识社会的各种挑战。知识代表企业的主要资源,而企业应该将各种网络和信息科技用于知识的使用和积累。我们如果固执地使用过时的知识,就会让发展停滞,并且止步不前,这对于各种企业、各种政府部门和大学都是一样。不仅如此,上述做法还会让我们陷入危险的循环,在缩小的视野下去控制成本,而这种时候我们应该做的是形成差异,开发新产品和新服务,以此贴合客户的需要。面对各种阻力,人们必须尽快在社会和经济的各个层面推广知识协作,在做法上横跨各个领域,并对世界保持开放。

"关于互联网共同体的调研项目":分析比较各家企业如何运用信

[①] 这一点尤其体现为学会副理事长高梨智弘(Tomohiro Takanashi)所提出的"知识之场"的概念。

第六章　共同体

息科技来促进企业发展。

日本知识管理学会作为研究组织，设立了多个研究小组，为企业、政府部门和地方政府规范和普及各种可用模式。学会探讨"场"与知识的关系，探索这种关系在多大程度上可以带来改变，让各种组织机构更能辨认有意义的信号。新的经济形势与各种信息科技也鼓励企业抓住绝佳的机会，利用他们的消费者、客户、合作伙伴与同盟企业的知识，密切关注市场而成为强者。学会从此角度出发，为了帮助日本企业应对上述挑战，在2000年发起了一个项目，分析各家企业面对全球范围内人与人的交流日益增长的现实趋势如何有效利用互联网："各大公司如何通过互联网接近并倾听国际群体？"这项调研涉及271家企业，将结果制成图表，依据企业在网上的回馈与衔接程度评出星级。这些数据的发表对日本企业有着促进性的示范价值。

在学会的会员中，有3%即7家企业没有开设官方网站，因此在搜索引擎上检索不到（未收获评星）。占21%的57家企业开设了日语网站，可以通过雅虎之类的搜索引擎找到，却没有英语版的官方主页（评为一星）。占24%的64家企业与日语网站同时制作了英语版，但没有提供电子邮件地址（评为二星）。另有97家企业，即全体的36%，被评为三星，它们虽有日语和英语网站，但没有对发来的英语邮件做出回复。而那些四星企业都在三天内回复了邮件，但没有把收到的问题转交组织内部的相关人员。最后，37家五星企业，即全体的14%，不仅拥有前一类企业的及时响应机制，并且把收到的邮件转交给了专门负责的部门。

这些结果的发表对日本的各种组织机构形成了一种激励，它虽然性质温和，但带有强烈要求。学会多次推行这类举措，成为企业通讯

第二部分 入门

的推进者,它有效推广各种典范模式,促进了经济领域和政府机关的创新。2003年,日本知识管理学会参加了在巴黎举行的"知识管理论坛"(Knowledge Management Forum),并于2005年举办了"东京知识论坛"(TKF),吸引了来自美国、法国、英国、德国、瑞典、新加坡和中国香港的众多参与者。东京知识论坛第二届会议已于2006年9月在巴西圣保罗召开。

第七章　科技

灵活的巨人：电通公司

我们之前所用的大众媒体依托国民的观念，而我们现在所用的互动型、定制型媒体，转而诉诸人际关系、集体价值、各种情感。

从大众工业产品社会到知识社会的转变，深刻影响着电通公司[①]及其市场和业务。大众消费市场曾经是工业社会的发动机，而广告曾是其中的必要成分。但今天，电通公司却不得不面对广告市场的深刻转型，因为时代的变化已经深及根本。在以往，电通对媒体广告空间的交易额可以分成15%，而现在的通行额度是3%—5%，这促使它必须做出改变。公司的上市计划又让情况更加复杂，因为市场不看好公司的独创之举、风险承担或方向转变，而公司却需要这些做法才能适应各种变动。电通这样的商业巨人，如何才能像一个业务多面的公司一样灵活变通呢？由于公司即将迁入由法国建筑师让·努维尔（Jean Nouvel）设计的总部大楼，很多人将希望放在了这次搬迁上，期待它能带来一些改变。

公司目前的重要考虑，是向客户提供"智能化服务"，为他们带

[①] 日本最大的广告公司。

第二部分 入门

来新形式的附加价值，而这种新服务、新媒体、新信息该如何定义？企业如何得到知识，用于设计、构建和实施这些新的服务项目？互联网这个新的广告市场会让各种大众媒体如何改变？这些都是战略性的问题。各种媒体都在发生变化，而杂志内的空间可以看作一个"场"。在日本，法国奢侈品牌路易威登本身就是一个媒体，因为它负载着多种价值。电通如何能为路易威登带来价值？是否凭借对消费者群体的深入了解？我们已经从制造轰动的、直接的展示型广告，过渡到后现代市场营销中的间接的、演绎的关系式广告。各种关于市场营销的知识在今天已经不够了，我们的关键问题便是，如何开拓各项能力去进行知识创造？

我们如果将知识管理限制在信息科技的范围内，就是严重错误的，因为知识首先是关于个人的，是个人的所有物。

在日本，各家企业外部并没有多少知识管理领域的专业人员，所以电通公司遇到的问题远远多于答案。电通与富士施乐公司的"知识动力先机"咨询部门积极展开合作，寻求适于自身的知识管理方案，同时与一桥大学的野中郁次郎教授合作，解决知识产权问题。电通发现，数据库信息化带来的益处是有限的。尽管这些信息具备了形式并且确实可用，但公司里那些远程工作的员工实际上并没有利用它们，认为它们不会带来创新，并且认为公司内部的学习小组的活动也无助于创新。公司需要的是实行措施，真正地展开协作的知识创造。

公司的员工提出将生产的信息定为共同所有。公司制定的战略方针注重使消费者的购物场所与他们构成一种"场"，共同参与创造和进行知识共享。这要求公司利用各个品牌的认知资源，去创造合适的环境和氛围，吸引消费者的注意力，围绕品牌价值开展丰富的活动。

第七章　科技

这种对"场"的理解方式，使公司可以根据品牌形象的内在力量，设计多种新型体验。由此出发，电通开拓了多个发展方向，并且积极听取各种想法和建议。日本正处于一个历史转折点。在明治时代初期，日本抛弃了江户文化的诸多价值观，告别了那种追求品质、享乐与艺术的文化。日本也许应该重新借鉴于此，找到新的动力。

我联系故我在[①]：野村综合研究所

有网络，才有存在。

知识管理领域有两种趋势。第一种源自美国，强调储备数据来产生人的知识。其中，我们是根据内容来进行人的管理，从形式化的知识过渡到学习小组内部的潜在知识。随后，各个个体就得到了信息，并展开交流。这种美国方式基于个人，而它正在产生变化，从笛卡尔的"我思故我在"变成"我联系故我在"。日本的方式基于共同体和人们的集体意识，所以源于合作与共同努力。在日本社会中，知识的经营深植于文化。日本的观念转移了知识管理的战略中心，不再重视知识的储备库、内容和形式化的知识，转而强调在持续运动的各个参与者之间发生的流动。于是，日本方式进入了先于知识说明的、源于人际间的非形式化层面，并强调创造适宜的条件来引出知识的存在。这就是"场"的意义，它结合了两者，一面是我们已经取得、证明和验证的可用知识，另一面是我们面向未知、推进知识边界的努力。

[①] 对此我们可以理解为："我去制造网络联系，故我存在"，参见克里斯汀·马尔孔（Christian Marcon）与尼古拉斯·穆瓦内（Nicolas Moinet）关于网络战略课题的合著：《发展并激活你的人际网络》（*Développez et activez vos réseaux relationnels*），迪诺出版社，巴黎，2004年。

第二部分　入门

从前在日本，人们的交流不需要文字。这种交流发生在氛围中，人们的察言观色发挥着根本性的作用，而其中的知识就像空气一样，在没有阻隔的多个空间内流通。

日本正在经历巨大的波动，而各种传统的知识交流方式也是如此。以前的终身雇佣制将所有人始终留在一条船上，而这一制度也即将改变。在今天的知识社会里，人们更换公司，知识迅速过时，社会资本在各种重组过程中被消灭。有些人认为，这种变化将令知识共享更加依赖科技，更少依赖那种建筑在人际关系和高时间成本的做法上的系统。从前，人们为了得到知识，需要与掌握知识的人长时间共处，逐步向他学习。而今天，为了让知识不致流失，我们必须构建远距离的交流网，让那些受理消费者和客户的自动化订单的专职者联合起来。这条新的道路，受到了美国方式的启发，它的基础仍是系统性地利用信息科技和人工智能，偏重明确的而不是潜在的因素。这种国际化的方针完全不同于日本式知识管理的原教旨主义者的看法。野中郁次郎分析了这两种趋势，而美国也非常关心日本的事态。

人与人的交流极其消耗精力，非常依赖于语境的影响和作用。而我们的做法是只讲几句话，让对话者自行理解他该做什么。

在日本，察言观色是极其重要的。野中郁次郎的理论同样是建立在日本社会的传统现实中，即人在一生中持续地学习，而信息存在于氛围本身之中。但由于形势在急剧变化，日本也必须多加利用人工智能和数据库。人与人的交流极其消耗精力，这一点伴随着其他因素，导致与"场"有关的做法必须改变。传统上，日本社会极其注重交流，上班族与同事共处的时间甚至超过妻子。与此相对，数据库可以令移动办公者迅速知道系统是否正常运作。这靠的是研发和自动化处

第七章　科技

理的流程，专业人员可以使用日本最新开发的软件，确认各种信息。这不同于传统做法，即企业需要向客户提供他可能感兴趣的产品的所有规格。在过去，每家公司都要建立自己的一套信息系统用于管理和设计，为此付出极大的投入。雷诺—日产的卡洛斯·戈恩曾经做出恰当的改革决策，这不仅有利于企业健康发展，也让我们在今天见到这种决策所带来的成效。

主页战略：NTT 都科摩

信息和通讯科技有助于知识的循环，它根据事物是否切实有效，让有用的延续下去，无用的自行消失。

都科摩公司为了让企业和员工融入知识管理的逻辑，实施了数个战略方针，其一是让员工建立个人主页。在公司的每个层级，无论员工，部门，还是项目组，都建立了"个人主页"，所有人都可以没有差别、不经过滤地访问这些信息。公司提供了一个建议模板，所有人可以在这个基础上进行改动和补充。员工在这些网页上可以即时更新自己的履历、工作日程表、家庭、爱好、读书、旅行、子女生日，等等。这个内联网的作用就是一个"场"，一个全体共有的机制，[①] 让人们互相了解、欣赏，并根据某些嗜好、经历、需要和愿望等因素联合起来。各个部门也照此方式，开放自身的组织结构、所面对的情况、重要日程、职务内容，以及在从事自身的任务和项目时所用的基本信息。

电子化方式是信息与通讯的极佳工具，它与纸质方式不同，因为纸质文件联系着单独的人，是专一的所有物。就事实而言，文件的使用需要通过一些手续和中间人，而这些因素最终造成了时间的消耗，

---

① 按照 SECI 知识模型的逻辑，它相当于一个用于共同化（S）和外现化（E）的空间。

145

第二部分 入门

平添了无益的琐事。与此相反,一个设计优良的企业内联网,可以让人们在需要时直接访问文件,并通过完整和确切的分类,简化人们在文件系统中的检索过程。随着内联网的逐渐发展,来自个体的知识不断增多,各种联系得以建立,各种组织结构按照人们的需求得以形成和变化。内联网需要坚持一种做法,让人们知道各种想法都是源自哪个人。这是一个重点,某个信息或建议的发起人的名字应该标在相关页面的上方,因为我们如果不这样做,就会导致系统走向崩溃和枯竭。这种方式还能让我们知道某一条信息应该向谁回应,从而促进整体的推进,充实这条信息。都科摩公司的内联网是一个属于集体的系统,员工把对它的投入和使用作为日常工作的目标,为它带来了生命力,使它不断丰富内容并持续进化。

都科摩公司希望不同部门的专业人员有机会见面与交谈,为此有意将工作空间设为向外开放。

员工的学习有30%来自书面文件,70%产生于人际关系。不同的知识在汇合与碰撞时,就会产生知识的火花。为了创造条件实现这种相遇,我们就需要人们在共同化之中的想象和觉察。尽管人们能在公司内联网上获取明确的知识,但若要共享潜在的知识,就要通过共有的空间和时间(场),而这些跨专业的交流将创造新的知识。一切的起点源于个人,并随着人与人互动的节奏而丰富起来。正因为如此,我们需要增进互动的机会,无论在现实中还是在虚拟中。

都科摩公司消除了员工在彼此隔离的办公区域内所受的限定,有利于培养开放的心态和好奇心,提升跨专业的收获。以前,每个人总是待在自己的格子里,仅仅遵循自己的职能和业务中的单一思路。这不利于开展运动与交流,也不利于维护共同利益。我们如果在不同的

第七章 科技

部门和职务之间设立这种彻底的物理分隔，就会制造小范围的亚文化，容易导致企业内部产生误解。在今天的都科摩公司里，谁都没有个人办公室，每个人都在上班时找一个空位入座。虽然这项措施起初略有困难，但现在大家承认，通过共有这个无障碍的环境（场），对其他同事多了很多了解。

在这个几百平方米的开放空间里，公司设置了创意工作区，无干扰工作区，还有会议角，供人们按需使用。现在，通用的办公空间表现出一种流动性，其间布置着绿叶植物和可调整的办公桌。人们可以来去自如，并且感觉舒适。这不仅有助于人们共享技能，也有助于人们找到掌握某些技能的人。这就像公司内联网化作了三维空间。人们共处一个空间，共享时间，这是极其重要的。仅有虚拟网络上的交流是不够的——尽管它可以让员工先有互相了解，所以很高效。"场"可以解除每个人的自我防卫反应，员工只有处于一个互相信赖的氛围，才能联合起来，投入企业的总体目标。

无纸化办公：普华永道咨询公司

知识管理是一门艺术，它可以将信息和智力储备转为对组织自身和雇员持续存在的价值。

知识管理的目的，在于促进内部人员在团结下的交流。企业应该将自身的知识归总起来，将一切汇聚到一个记忆中心，供所有人访问和使用。在普华永道咨询公司，知识管理部门的职员不多，只有五人，他们利用网络工作，与负责提出建议的专家和顾问进行合作。他们灵活调整人力资源和技术资源，并结合使用。我们应该避免将知识储备变成历史档案，而是保持它的工具性，将它用于知识

第二部分　入门

创造。潜在的维度是至为重要的，它是文化的基础，从定义上说，文化尽管到处存在，但很少表现出来。今天，知识仅仅存在于信息化的网络载体，不过我们仍要将这些网络用于人际关系中的实际工作。为了持续激活并丰富知识，我们需要一种共享性的文化，它本身具有战略意义，可以使各种网络保持创造力。企业的人力资源方针和信息科技方针之间不应该存在对立。两者对知识创造而言是互补的。

普华永道削减了80%的办公用纸，促使每个人将自己的知识形式化，以供所有人访问。

公司推行无纸办公，让员工沿用公司的价值观、文化和战略，去创建数字化的文件。员工使用笔记本电脑，还有一种形似"小灵通"的内部无线电话，附有带子系于腰间，便于普华永道不同的办公室之间互相联系。高度的标准化，可以优化信息共享，节省时间，并从数量和质量上提高业务处理能力。公司大幅减少了纸张使用，促使每个人不再以个人化、私有化的方式保存知识，而是将信息供所有人访问和使用。

凭借信息科技，办公室可以分布在各处，存在于任何时间与地点。普华永道咨询公司采用"莲花笔记"（Lotus Notes）软件，员工用于日常办公，传送文件，并通过定期汇报储备并拓展知识。为了打破公司不同专职人员之间的屏障，公司举办培训班，让人们互相增进了解。公司持续不断地鼓励员工。在考核每一名顾问时，公司会用一系列指标来评测他对集体的贡献。这样做是有必要的，因为一家咨询公司向客户推销的方法，应该正是它在自身内部所采纳的方法，而那些客户同样是信息的大型消费者。信息分析是咨询业的核心，正因如此，这家企业作为一个"场",必须成为知识创造的典范。

展现未来:富士施乐"知识动力先机"咨询部

我们不能等候未来自行展现,必须致力创造未来,因为我们就是未来。

"知识动力先机"咨询部(Knowledge Dynamics Initiative,以下简称 KDI)是富士施乐公司内部的智库,[①] 它负责研究日本乃至全世界的企业在知识管理上的各种实践。KDI 组织讨论,引入新观念,在日本国内甚至世界范围内为企业进行标杆评比。它将自身看作野中郁次郎教授提出的知识创造的哲学与方法的宣传者,向国内企业乃至大学和政府机关普及并推荐这套理论的应用方法,组织各种研讨会、辩论会与研修班。KDI 也将知识管理的哲学与方法用于自身。它通过网络开展工作,成为一个跨专业运作的开放性机构。为了表现不同姿态并追求创意,KDI 的团队成员为自己设计了这些名号:

资深自由职业匪徒、喝彩探求者、知识火炬手、优美工作造型师、影子协作者、生动体验设计师、场之建筑师……

根据日本的传统标准,这种个性化看似不合环境,极为独特。团队像是为了进一步彰显差异,在用于办公的开放空间的一面墙上,挂了一面大幅的黑色海盗旗,上面画着典型的骷髅头和两根交叉的骨头。KDI 认为自己是革命者,决心用自己的行动去展现和揭示未来。这种做法阐释了武士道的哲学,因为这种哲学认为只有"现在"是存在

[①] think, tank,在英语中是指进行调研和提供建议的智囊团。

第二部分　入门

的，而人们要充分投入现在，无怨无悔，不考虑保存自身或是规避风险。① KDI不会等待事物发生变化，而会"伴随"事物去变化，有意地融入变动的过程本身。KDI通过标杆评比、比较分析、各项研究以及开放的心态，把握住了这场革命中的几股力量，并以此为基础去实现自身使命。它对自己的挑战，就是用知识创造去重新定义组织机构、它们的结构、哲学与价值观。它探索着一个核心问题：一个组织机构如何才能最具适应性地、最正确地处理与环境的关系，产生创造性的解决方案？

世界就像一个仓库，我们应该从中取得知识。我们并不是管理知识，而是创造知识。

KDI对日本企业使用与整合信息科技的程度进行调研和评级，将调查结果公开发表，期待产生激励作用。KDI的行动方式之一就是制作明确的调查结果，并将它在日本企业界广泛传播，带来激励或挑战。KDI在所属的富士施乐公司内部成立了一个"知识联盟"（Know Alliance），请成员自愿加入，从人际资源的角度探索知识的动力。KDI声称："我们就是未来"，这意味着开放的心态、全身心的投入、承担各种风险。知识没有界限，它远远超出企业甚至国家的边界而存在。对于知识，环境与信息科技发挥着关键的作用。② 为了创造知识并适应环境，我们需要坚持的一条关键原则就是协作精神。

在KDI看来，现在的各种转变，将让各种组织机构抛弃品质管理，转化为真正的知识型企业。这种转化，决定了企业是否能够创造

---

① 这正如本书第一章中《叶隐》的哲学。另外，KDI的领导者，"资深自由职业匪徒"（Senior Freelance Bandit）也是茶道中人。

② 对此我们可以提到，日本人曾经在明治天皇面前立下誓愿，决心去世界上任何可能的地方寻求知识，从而促进日本的发展。

知识，面对未来的限制和需求做出最佳的调整。从这个角度看来，企业只考虑自身有限手段的做法，已经不再有效。知识存在于全局，而企业在网络中的行动能力是生死攸关的。KDI认为，各种学习小组可以让人们共同熟悉两个基本概念："生命个体"（Vital Individual）和"动态之场"（Dynamic Ba）。这两个概念联系到原创性与个体的创造力，而日本企业一直很少认可与强调这种价值观。第一个概念与第二个"动态之场"联系起来，肯定了在"场"的集体、动态、开放的土壤中，个体拥有生命力。这个模式，将人们性质不同的能量与技能一致用于实现目标，将知识创造的重心置于未来与创新。这个方针联合了人力、物力与组织力的资源，形成积极行动的心态，从各种关联机制中的萌芽孕育出解决方案。知识的战略共同体没有物理边界，因为它的外围只取决于它的项目和战略是否贴切。

从"指挥与监督"到"激励与赋能"。

KDI隶属富士施乐公司旗下，所以也参与本公司的一些项目，例如"虚拟好莱坞"（Virtual Hollywood）项目，它用于培养公司全体员工的参与积极性。在项目中，员工直接接触富士施乐各种产品与服务的用户和消费者，写出一些建议，发表在内联网上。在传播过程中，这些建议中有一批会不断充实起来，发展为真正的项目。公司管理层也加入项目，跟踪它们的进展，并分配部分时间主持某几个项目。这种做法正是运用了某些理论和新的组织模式，去消除公司的内在障碍，而尤其是上下级的隔阂。公司还对各种职务的员工采用知识评分（knowledge assessment），加强员工的自主管理、互动积极性、对新型工作方式的实践。这种跨专业的横向运作方式，源于人们的开放心态和重视结果的态度所造就的共同理想。以管理学的观点看来，KDI取

第二部分　入门

代了传统的"指挥与监督"式管理,转而将"激励与赋能"作为关键词,带来了一种新的文化,在其中渗透了信息科技的系统性运用。

知识的广场：实通公司

我们应该让专业人员在工作时不必担心是否用了过多时间。另一方面,我们也要让他们也从中受益,满足他们自身的利益。

实通公司[①]将自己定位于软件和咨询服务的供应商,帮助企业通过"场"来实现人与人之间的知识共享。为此,实通公司具备两种独特的技能。[②] 第一种是让企业超出特定组织机构的传统界限,构成知识的战略共同体；第二种是为企业提供定制服务,在软件、咨询、设计与建筑方面提供有利于共同体的解决方案。实通公司共有25名企业内的全职员工与10名企业外的工程师（承接外包工作）。公司提供的服务是为企业设计并架设知识管理的解决方案,它开发的软件产品包括"知识市场"（Knowledge Market,知识管理的内联网解决方案,形成"E to E"即员工对员工的联系）,用于互联网客户服务的"eCRM Solution"（电子化的客户服务管理）,"知识共同体"（电子商务平台：Business to Business to Consumer,或B2B2C）,以及通过"Ksquare"软件安装并运营"知识拍卖共同体"[③]（Knowledge Auction Community,让消费者、用户与其他的消费者、用户进行知识交流）。

实通公司开发知识共同体的基础架构,以此作为自身业务的基础

[①] 2017年更名为"先衡股份公司"（Abalance 株式会社）,并通过多次收购将公司集团的业务扩展到其他领域。——译者

[②] 英语中的相应说法是：定制软件（Packaged software）与系统集成（SI Consulting）、共同体设计（Community Design Consulting）、系统集成后期维护相关的咨询业务（post SI consulting）。

[③] 以上产品名称都是注册商标。

第七章 科技

概念,并为此引入了一个知识导航系统("知识导航引擎":Knowledge Navigation Engine)。这个系统可以让人们即时访问结构化的知识,并借助人物照片,访问专业人员的网络并与他们取得联系。它的共同体性质表现为,每个用户都参与到系统中,对自己查询的信息和其他人添加的回应做出评价,依据自己感兴趣的程度给出不同的星级。这个机制,将人们在数据库中得到的组织化的明确知识,联系到专业人士的技能和潜在知识,利用了特定人员的技能和专长。这个系统从用户的需要出发,利用在数据库和专业人士网络之间的交互界面,将潜在知识转化为明确知识。这样的"场"充分利用了信息科技。实通公司在它提出的处理方案中,将数据库的明确因素与专业人士的技能相结合,同时也利用了用户群体与其自身、与系统的大量互动。

公司所需的重要信息,近一半存在于员工们的头脑中。我们可以通过一个问答系统,让这种知识外现化,让它变得明确并可用。

在一般公司中,一半以上的员工每天会花费一个小时的时间,重复另一名员工已经做好的工作,而每个员工在一年中会花费总计超过一个月的时间寻找相关的专业人士,通过向他请教来完成自己的工作。而对这种专业知识,我们如果以共同协作的方式去评价它,让它易于使用,就能节省时间,并提高它的品质。我们对通讯录(专家资源)给予规范的形式,就能形成直接沟通并加速流程。此外,知识交流还依赖无形的网络与信赖的人际关系,以此作为辅助因素,而实通公司正是在这个基础上开发了"知识市场"软件。它是一个问答系统,可以为用户找到所需的数据库,并有一个文件共享系统。它的使用需要所有人的参与。它的维护人员需要创建战略性的信息分类,以便定义各个不同的方向和类别。这个系统的开放性,让同一个问题可能收到

第二部分　入门

不同部门的多种答复。每个员工只用发出自己的答复，而所有人都能访问这一系列的交流。提问者可以评价并判定人们的回复的品质与相关度。

公司内部专业人士的通讯录，可以让人用电子邮件直接提问有资质的专家。公司内每个人即时更新自己的个人主页，介绍自己的资料和技能，而主页上还有他参与过的所有问答记录、他所给出的评价、别人对他的评价。人们在对系统的使用中，针对系统中传播和产生的信息，可以在公共空间发表备忘录（利用文件分享功能），写下自认为具有战略意义的看法与评论。根据需要，人们还可以在系统中成立讨论组，基于自愿并在一个人的主持下，商讨某个具体问题，而且任何对此感兴趣的人都可以参与讨论，共同创造内容，而这些内容随后便会进入虚拟的共享空间（分享角）。人们根据各自的需求，集体地、同时地参与着这个机制。

公司采用电子化的客户服务管理（通过 eCRM 软件），实施知识管理的解决方案，这两项工作的结合，可以让员工、用户直接访问其他员工、用户的知识。

为了构建知识的战略共同体，实通公司为客户企业设置并建立了数据库，用于了解企业的用户。每个共同体都通过与"知识市场"软件相似的方式，通过互动，促使用户群体与自身、与专业人士的沟通。这个系统设置了"常见问题集"（Frequently Asked Questions，FAQ）查询服务，可以合理地帮助用户以半自助的方式查到现有信息，也可以为用户知识数据库（Customer Knowledge Date Base）提供基础。这个系统有助于用户评价企业的产品和服务。他们提供的观点、看法、评论和建议可以作为市场情报，形成知识的循环，让野中郁次郎的

第七章 科技

SECI 模型在虚拟空间中展开。

每个交流平台，都服务于企业业务的开展。企业对自身提供的服务建立一个问答系统，随着用户共同体的建立和发展，可以根据用户回答的频度和总数，选出最优秀的回答者（一种人力资源）。这类问答的系统性积累，可以形成知识的储备库（用户群体内的问答数据库）。企业的客户服务部门与这个知识共同体保持联系，通过电子邮件交流，并及时更新"常见问题集"，用它来维持这个共同体的生命力与活动。为了利用这些数据库，实通公司采用了一类"文本取样分析"（text mining）软件。而这个基于共同体的系统一旦产生战略性的信息，就会直接把它提交给"知识市场"软件下的企业内系统，用这种互动过程不断地充实它。这些做法超出了所谓的知识管理，是对促成协作性知识创造与知识分享的各种条件进行管理。

企业将知识社区和技术支持的数据库不断整合，可以防止某些问答反复出现，并及时调动适用的知识，避免重复之前已有的研究。

实通公司期待新型的交流平台能够促进互动，提高互动频率，同时充实互动内容。随着交流渠道逐步拓宽，软件产生信息流动的能力逐步提高，企业就可以改善用户和专业人员之间的关系。企业通过迅速知情，就能改进并拓展客户的知识，甚至可以直接展开客户调查。在"知识市场"软件所构筑的企业内联网上，各个平台可以优化人才（人力资源）数据库，更精确、更迅速地利用档案，并且通过问答系统，更快地将个人知识转为组织化的知识。

实通公司的贡献，在于帮助人们及时找到合适的专业人员，这只需要他们知道专家名单、问答结果的筛选机制，并加以利用。这种特殊的定位，可以让企业持续地进行知识创造，而其目的，是让企业借

第二部分　入门

用科技的关键作用去提供产品和服务。实通公司会密切关注分布图中的动向，因为我们从中可以看到各个用户群体、各个共同体之中发生的互动，不过我们还应该质疑，这种系统可以带来创新还是隔阂。这种分布图固然有助于我们优化对知识和专业人员的利用，并且推断趋势，但这种共同体内的重力作用带有一种风险，可能会让那些不正常因素、那些共享逻辑之外的事物受到排斥和忽略。竞争越是激烈，人的直觉、未知和意外因素就越是关键。

结论：知识之道

知道

　　如我们对日本所见，各个知识的战略共同体为何具有一种能力，超越了日本列岛的界限？它们的模式能否带给我们一些启发？这些模式在其他地域能否用于实践？这些模式的动力来源与根基深处的武士道精神，能否移植到别处？这种特别的方式是否具有普遍意义，可以超越原生地？这条日本道路，即使产生于一个特别的社会，但也回应了一种全球性的普遍挑战。那么，日本模式的典范作用，能否促使我们重新审视法国的战略文化？这些共同体的原则本身，是否与我们的情况大不相同？我们是否面对着一个转折点，需要用不同的方式，为21世纪的各种组织机构设计并实施战略？

　　在西方，一切通常开始于"我"，开始于一个决策者的角度，而他会根据现实做出行动。正是这一点，让西欧大陆主动进取，发挥创造力，直到在加剧的国家竞争中发展科学与技术，扩张自身的陆地统

结论：知识之道

治。这一段征战闹剧，似乎早已被笛卡尔在《方法论》里言中，他主张人要成为"大自然的主人和教师"。而从他的时代以来，人类的科技力量已经发展出基因工程、核能开发、物理和数字通讯，因此人类的行动力和影响力早已不是同一级别，所产生的也早已是不同级别的结果。我们不仅造成了环境污染、土壤退化、温室效应，更用泛滥的过度生产让我们自身无地自容，因为我们的工业不考虑收益的平衡。我们误用了笛卡尔的"我思故我在"，将它变成今天的"我思故我破坏"面前的一切障碍，不再关心自然与人文环境。至于将来，那是别人的事，不是"我"的事！

而日本文化奠基于另一种关系。在这个岛国，"我"并不是起点，"共同体"才是首要的。人们先从共同意识出发，其次再以相应的方式考虑个体的贡献，这与"我思故我在"的做法在顺序上完全相反。[1]日本各种传统的根基，让人们提前准备应对各种变化，也让人们对集体负责，这代表着人们对彼此负有义务。一个简单的例子，就是东京地铁能够保持相对的有序，尽管它每天迎来送往几百万旅客。它与巴黎地铁不同，因为它源于一个所有人接受的共识性的组织方式。它为急行旅客留出一条路线，让不赶时间的旅客走另一条路线，所以人流不会产生交杂，更不会导致车厢门前的无序。这种和谐，为个人带来了利益，而它与集体利益并无矛盾，因为它恰恰是尊重集体利益的结果。在人口稠密的现今世界，个人为了眼前利益可以不顾后果，带来了危机与失衡的危险。这种做法只重战术，忽视战略，无法保存它的成果，因为我们采用战略的目的之一就是长期保存自我。

法国是一个共和政府下的个人主义国家，但也是在这个国家里，博弗尔将战略定义为这样的艺术："把握各个意志的互动的辩证关系，

---

[1] 笛卡尔从未提议人们可以不负责任。

结论：知识之道

运用力量去解决他们的争端。"① 而一个知识的战略共同体又是什么情况？它不也是建立在这个基础上：把握各个意志的互动关系，从而得到知识吗？日本模式距离法国的战略文化并不遥远。此外，法国的战略文化建立在两条基本原则上：行动的自由，有效地使用力量。② 第一条原则，行动的自由，是指博弈的参与者保持独立，他可以独立地做出决定和行动，不受他人和环境的力量的制约。一个主体越有自主选择权，他的行动自由就越充分。人如果处于无知和犹豫当中，就减少了行动的自由，等于在等待别人发起先手、做出决定。所以人最主要的努力，就是提升这种行动自由，因此博弗尔认为，战略的本质就是争取行动的自由。而且，通过知识创造去获得行动自由，这一点正是日本各个战略共同体的核心。

知识的战略共同体把人们组织起来，去满足一种包含了个体利益的需求，因此它才可以成立、发展，甚至对所有人成为一种必要。例如我们不可能用相反的立场去反对花王公司对高效日用品的追求，或是卫材制药关心人类健康的诉求。所以企业在竞争中首先要做的，不是反对竞争对手，而是改进自己本应提供的服务，完善自身组织机构的细节，维护同客户与伙伴企业的关系。企业一旦用知识创造，充实了企业内外的互动，就会让经济效益显现出来。企业战略的重心，就是建立这种创造性的联系，这意味着让人们参与一个共同的计划，对此展开对话，体现协调性的原则，而协调性，这个由卡斯特尔斯引入的概念，正是衡量各种网络表现的尺度。③

至于另一条法国的基本原则，有效地使用力量，是指优化各种可用的、可以调动的资源，不论其所有者是谁。④ 它关心的是，如何以

---

① 博弗尔：1985 年著。
② 马太（Mathey）：1995 年著。
③ 卡斯特尔斯：前引。
④ 中国的战略文化极有效率地运用这条原则。

结论：知识之道

更少的投入获得更大的回报，或者，如何让别人贡献他们的手段，用于我们的目的？我们已经分析了自由原则可以与知识的战略共同体相结合，也可以认为这条关于有效利用的原则在其中同样成立，这意味着企业不仅考虑运用自身的手段，也考虑借用他人的手段，不论他们的名义，只要他们有着同样的共同需求。对此，卡斯特尔斯的连贯性原则，可以用于评价网络中的各个部分是否与其他部分易于沟通。所以说，日本模式一致于法国战略文化的两条基本原则，也一致于卡斯特尔斯用于衡量网络表现的两条准则。

通过各个知识战略共同体的发展，我们可以看到，一个组织机构与其业务领域的联系方式发生了转变。这些共同体的成分是多元的，企业通过协作，面对迅速变化的现实，寻求最佳的解决方案。21世纪的用户和客户是受过良好教育、掌握信息的群体，他们可以互相沟通、互相交流、互相充实。企业如果忽略他们，就是抛弃了他们的情报。而丰富的互动可以形成创造，这里的利益不是专一的，不是只属于一个参与者，它是全体的，属于公司与其客户和用户。在这个世界里，企业的价值越来越取决于创造知识的能力，所以在战略上，企业要"伴随"客户，这胜过"面向"客户。

日本武士不加先入之见，去面对"各种事实中的直接真理"，[①] 这种精神，容纳了不确定因素的能量，但这不是为了排除不确定因素，而是将自己投入一种共同的知识创造。众多知识战略共同体通过建立各种机制，展现了未来，并且与未来形成连接。这条知识之"道"，唤醒并更新了日本武士的传统。日本似乎正以前所未有的日本姿态，创造各种战略和方法，回应当前的各种挑战。如此看来，在所谓的知识社会中，我们所面对的挑战岂非首先来自文化？

[①] 西田几多郎，前引。

致　谢

本书的诞生，以及笔者在日本列岛的"知识探险",① 都离不开多位人士的善意相助，笔者在此无法对所有人逐一致谢。在这些人当中，笔者首先要感谢的无疑是这几位：对笔者寄予许多信赖与真知灼见的弗朗索瓦·布朗·德·科尔斯顿（François Brown de Colstoun）、法国驻日本大使馆科技处秘书松本（Matsumoto）先生、担任笔者科技顾问的得力助手米歇尔·伊斯拉埃尔（Michel Israël）。

野中郁次郎教授特地抽出时间，与笔者定期会面，多次应邀参加并主讲讲座。笔者幸而感受到他的活力、开放的心态、精深的研究、丰富的经验，也在他的研究室，感受到这个策源地的简约风格中的新鲜、活力与实事求是，因此谨向他深表感谢。他的介绍起到了无法估量的作用，使笔者与众多日本企业的领导人建立了信任，实现了对他们的采访。他的一名学生，现已取得博士学位的露木惠美子女士，陪同笔者进行了几次采访，为不讲英语的受访者担任翻译。她令笔者对日本文化有了更深的感触，而笔者也对她的家人致以感谢，在他们组织的一次聚会上，蒙古国、芬兰、美国、日本、西班牙和法国文化交相辉映，成为令笔者难以忘怀的一场盛宴。

---

① 关于"知识探险"（knowledge expedition）的概念，笔者曾在 2005 年的著作中用以分析泰国在知识创造领域的积极探索，见提娜拉克（Tinnaluck）2005 年研究。

致　谢

　　2003 年，笔者与日本知识管理学会有过几次接触与合作后，荣幸地受邀加入了学会极为精简的顾问委员会。笔者与学会的森田理事长、高梨副理事长开始了合作，分别在东京和巴黎举办了两场研讨会，也参加了 2005 年的"东京知识论坛"，① 并在巴西筹办了第二届论坛，请这两位人士代表学会远道参加，所以在此向他们致以无尽的感谢。笔者与富士施乐公司"动力知识先机"咨询部的成员有过愉快的交流，并仍保持联系，而同样有趣的是笔者对他们以化名相称。NTT 集团"传媒观察社"社长香取一昭接受了笔者采访，他为人生动风趣，并对笔者多有教益。他拥有超乎寻常的幽默感，善于打破人们的固有印象，能够为信息科技设想各种创新性、创造性、甚至是令人忍俊不禁的应用渠道，同时也不失对人性的关心。

　　笔者感谢 NTT 都科摩公司开放展示厅，并尤其感谢潮田（Ushioda）先生。而法国的卡特琳·康斯坦（Catherine Constant）女士时常为笔者说明日本的字形字义、风俗习惯。日本的杨芽衣（Meimi Yang）、渡边由纪（Yuki Watanabe）、须田藤子（Fujiko Suda）几位人士自始至终解答笔者提出的问题，并在软件方面提供了极为有力的帮助。本书的汉字书法出自多田美智（Michi Tada），而笔者是在圣保罗通过津津木初美（Hatsumi Tsuzuki）与其结识。笔者的深切感怀，也来自日立高科那珂营业所的佐藤（Sato）先生、美嘉女士，以及他们的画家朋友，笔者在水户市与他们共度的两天里，得到了无与伦比的精妙享受，在残冬时节步入了一处闻名遐迩的日本庭园，观赏了日本艺伎淋漓尽致的精湛演出，也像朝圣一般访问了合气道创始人植芝盛平宗师在晚年避世而居的"道场"。笔者也将谢意献给日本的风景、温泉、旅店主人、刀功精准的料理师、绽放的樱花、在东京所见的丰

---

① 2006 年"东京知识论坛"已于 9 月在圣保罗举办。

富色调如波浪铺展的映山红赏花会,并献给所有那些未有言谈的陌生面容,他们像云一样倏忽来去,无论在此在彼都保持着内心的热情。

这份感谢名单无法容下所有的人,但笔者仍必须提到法国普瓦捷大学的尼古拉·穆瓦内(Nicolas Moinet),他先于笔者访问了日本列岛以完成博士论文,也让笔者为能指导他的论文而感到荣幸。感谢阿方斯(Avence)公司的雅克·佩尔什(Jacques Perche),他于2004年到东京调查研究移动互联网的应用,与笔者在一周时间里共同体验了文化差异。感谢让-伊夫·普拉克斯(Jean-Yves Prax),他不仅是迪诺出版社本书所属丛书的主编,还是笔者两次东京研讨会的同行者、法国雷岛之门的帆船同伴。笔者以更私人的角度,向我的伴侣表达无尽的谢意与感激,感谢她的智慧和无可替代的建议;感谢我的孩子们,他们同意并不得不适应我的多次差旅外出以及写作中的无法陪伴。最后,笔者谨向我的伴侣的长子安托南·朔恩(Antonin Schons)和女友津村绘里(Eri Tsumura)两人致以深切而哀痛的缅怀,他们于2001年9月2日在巴黎不幸丧生于一次愚昧至极的纵火犯罪。

2006年8月于圣保罗

参考文献

BEAUFRE André, *Introduction à la stratégie*, Economica, Paris 1985.
BERQUE Augustin, *Vivre l'espace au Japon*, PUF, Paris 1982.
BOYD John, *On Creation and Destruction*, www.belisarius.com
CASTELLES Manuel, *La Société en réseaux*, Fayard, Paris 1998.
CLAUSEWITZ Carl (von), *De la guerre*, Ed. de Minuit, Paris 1955.
CLEARY Thomas, *The Japanese Art of War. Understanding the Culture of Strategy*, Shambala, Bonston & London 1992.
CORBETT Julian, *Principes de stratégie maritime*, Economica, Paris 1983.
DAVENPORT Thomas H. and PRUSAK Laurence, *Information Ecology. Mastering the Information and Knowledge Management*, New York-Oxford, Oxford University Press 1997.
FADOK David S., *La Paralysie stratégique par la puissance aérienne*, Economica, Paris 1998.
FAYARD Pierre, *Comprendre et appliquer Sun Tzu. La pensée stratégique chinoise: une sagesse en action*, Dunod, Paris 2004.
FAYARD Pierre, *La Maîtrise de l'interaction. L'information et la communication dans la stratégie*, Zéro Heure Éditions Culturelles, Paris 2000.
FRÓIS Luis, *Traité de Luís Fróis (1585) sur les contradictions de mœurs entre Européens et Japonais*, Chandeigne, Paris 1993.
FUMITATSU Tokiwa, *Management Based on Nature's Wisdom*, Tokyo 2001.
HALL Edward T., *La Danse de la vie. Temps culturel et temps vécu*, Le Seuil, Paris 1992.
HERRIGEL Eugen, *Le Zen dans l'art chevaleresque du tir à l'arc*, Dervy, Paris 1970.
JAVARY Cyrille J-D. et FAURE Pierre, *Yi Jing. Le livre des changements*, Albin Michel, Paris 2002.
JULLIEN François, *Traité de l'efficacité*, Grasset, Paris 1997.
LUTTWAK Edward N., *Le Paradoxe de la stratégie*, Éd. Odile Jacob, Paris 1989.
MACHADO Antonio, *Poesias completas*, Espasa-Calpe, Espagne 2002.

MALRAUX André, *La Tentation de l'Occident*, Grasset, Paris 1926.
MATHEY Jean-Marie, *Comprendre la stratégie*, Economica Poche Géopolitique, Paris 1995.
MISHIMA Yukio, *Le Japon moderne et l'éthique samouraï. La voie du Hagakuré*, Arcade Gallimard, Paris 1985.
MUSASHI Miyamoto, *Écrit sur les cinq roues*, Éd. Maisonneuve & Larose, Paris 1995.
NADOULEK Bernard, *L'Intelligence stratégique*, CPE Aditec, Paris 1991.
NAKAGAWA Hisayasu, *Introduction à la culture japonaise*, PUF, Paris 2005.
NISHIDA Kitaro, *An Inquiry into the Good*, Yale University Press 1990.
Traduction en langue française: *Logique du lieu et vision religieuse du monde*, Éd. Osiris, Paris 1999.
Société franco-japonaise des Technologies Industrielles, *Les Chemins du savoir au Japon*, Paris 2000.
NONAKA Ikujiro et TAKEUSHI Hisayuki, *La Connaissance créatrice. La dynamique de l'entreprise apprenante*, De Boeck & Wesmael, Paris 2003.
NONAKA Ikujiro and TEECE David (sous la direction de), *Managing Industrial Knowledge. Création, Transfer and Utilisation*, Sage Publication, London-Thousand Oaks-New Delhi, 2001.
RANDOM Michel, *Japon, la stratégie de l'invisible*, Éditions du Félin, Paris 1989.
SUN TZU, *L'Art de la guerre*. Version traduite et commentée par Jean Lévi, Pluriel Inédit, Hachette, Paris 2000.
TANIZAKI Junichiro, *L'Éloge de l'ombre*, Publications Orientalistes de France, Paris 1977.
UFAN Lee, *Un Art de la rencontre*, Actes Sud, Paris 2000.

图书在版编目(CIP)数据

武士的觉醒:知识社会中的日本文化与战略/(法)皮埃尔·法亚尔著;赵南海译.—北京:商务印书馆,2022(2022.10重印)
ISBN 978-7-100-20799-7

Ⅰ.①武… Ⅱ.①皮… ②赵… Ⅲ.①武士—文化研究—日本 Ⅳ.①K313.03

中国版本图书馆CIP数据核字(2022)第038037号

权利保留,侵权必究。

武士的觉醒
知识社会中的日本文化与战略
〔法〕皮埃尔·法亚尔 著
赵南海 译

商 务 印 书 馆 出 版
(北京王府井大街36号 邮政编码100710)
商 务 印 书 馆 发 行
北京艺辉伊航图文有限公司印刷
ISBN 978-7-100-20799-7

2022年6月第1版　　　开本710×1000 1/16
2022年10月北京第2次印刷　印张 11
定价:56.00元